UNA VERDADERA CELEBRACIÓN DE LA COCINA TROPICAL

100 platos deliciosos de Sunny Shores a tu mesa

JORDI GARCIA

Material con derechos de autor ©2024

Reservados todos los derechos

Ninguna parte de este libro puede usarse ni transmitirse de ninguna forma ni por ningún medio sin el debido consentimiento por escrito del editor y del propietario de los derechos de autor, excepto las breves citas utilizadas en una reseña. Este libro no debe considerarse un sustituto del asesoramiento médico, legal o de otro tipo profesional.

TABLA DE CONTENIDO

TABLA DE CONTENIDO 3
INTRODUCCIÓN 6
DESAYUNOS TROPICALES 8
    1. Tortilla Tropical 9
    2. Pudín de piña y chía 11
    3. Tostada Francesa Tropical 13
    4. Gofres Dorados con Frutas Tropicales 15
    5. Crepes de frutas tropicales 18
    6. Pudín de coco tropical 20
    7. Panqueques Tropicales 22
    8. Tazón de yogur tropical 24
    9. Tazón de batido de frutas tropicales 26
    10. Panqueques De Mango Y Coco 28
    11. Tazón de acai tropical 30
    12. Tazón de desayuno de quinua, mango y coco 32
    13. Parfait de desayuno con papaya y lima 34
    14. Burrito de desayuno tropical 36
    15. Pan de coco y plátano 38
    16. Tacos de desayuno tropicales 40
    17. Tostada Tropical De Aguacate 42
BOCADILLOS TROPICALES 44
    18. Mezcla de bocadillos tropicales 45
    19. Ceviche de cóctel tropical 47
    20. Bocaditos de proteína de limón tropical 49
    21. Pizza tropical de nueces 51
    22. Bolas energéticas de piña y coco 53
    23. Brochetas de frutas tropicales 55
    24. Palomitas de maíz con coco y lima 57
    25. Guacamole De Coco Y Lima 59
    26. Camarones con coco 61
    27. Barras de granola tropicales 63
    28. Rollitos de salsa de mango tropical 65
    29. Brochetas De Piña A La Parrilla 67
    30. Bocaditos de plátano y coco 69
    31. Salsa de yogur tropical 71
    32. Ensalada De Frutas Tropicales 73
PRINCIPALES TROPICALES 75
    33. Ensalada cremosa de frutas tropicales 76
    34. Pollo Tropical Con Piña 78
    35. Prueba los camarones del trópico 80

36. Cerdo Caribeño A La Parrilla Con Salsa Tropical 82
37. Cola de langosta con frutas tropicales a la parrilla 84
38. Ensalada tropical de frijoles negros con mango 86
39. Tazón de arroz tropical 88
40. Brochetas de cerdo tropicales 90
41. Cerdo Jerk Jamaiquino 92
42. Tofu con mango y curry 94
43. Ensalada caribeña de frijoles negros y quinua con mango 97
44. Pollo Teriyaki Hawaiano 99
45. Curry De Camarones, Lima Y Coco 101
46. Cabra al curry jamaicano 103
47. Tacos de pescado al estilo caribeño 105
48. Salmón Glaseado Con Mango 107
49. Curry de verduras caribeño 109
50. Pollo Jerk Con Salsa De Mango 112
51. Costillas de cerdo a la barbacoa hawaiana 114
52. Filete caribeño a la parrilla con salsa de piña 116

POSTRES TROPICALES 118

53. Pavlova de frutas tropicales 119
54. Sorbete de Margarita Tropical 121
55. Helado tropical de coco y piña 123
56. Bagatela tropical 125
57. Helado tropical enrollado 127
58. Mousse de frutas tropicales 129
59. Sorbete de frutas tropicales 131
60. Paletas de mango, coco y chía 133
61. Panna cotta de mango y coco 135
62. Cupcakes De Piña Colada 137
63. mousse de la fruta de la pasión 139
64. Mango arroz pegajoso 141
65. Tarta de queso con guayaba 143
66. Pastel de piña al revés 146
67. macarrones de coco 149
68. Helado de piña y coco 151
69. Pudin de arroz con coco 153
70. Tarta De Mango Y Coco 155
71. Sorbete De Papaya Y Lima 158
72. Pudín de plátano y coco 160
73. Crumble de piña y coco 162

BEBIDAS TROPICALES 164

74. Agua tropical 165
75. Paraíso tropical 167
76. Té helado tropical 169

- 77. Batido verde tropical picante 171
- 78. Batido de mandarina tropical 173
- 79. Batido de quinua tropical 175
- 80. tropicales 177
- 81. Piña colada 179
- 82. Daiquiri de fresa 181
- 83. margarita tropical 183
- 84. Cóctel sin alcohol hawaiano azul 185
- 85. Cóctel sin alcohol de mojito de mango 187
- 86. Limonada de coco 189
- 87. Sangría tropical 191
- 88. Enfriador de sandía y lima 193
- 89. Té verde mango 195
- 90. Ponche tropical 197
- 91. Té helado de hibisco 199
- 92. Café helado tropical 201

CONDIMENTOS TROPICALES 203

- 93. Salsa De Piña Y Papaya 204
- 94. Salsa de mango 206
- 95. Chutney De Coco Y Cilantro 208
- 96. Chutney de tamarindo 210
- 97. Mantequilla de maracuyá 212
- 98. Aderezo de semillas de papaya 214
- 99. Salsa BBQ de guayaba 216
- 100. Salsa De Mango Habanero 218

CONCLUSIÓN 220

INTRODUCCIÓN

Deleite sus sentidos en un viaje culinario que trasciende fronteras y lo transporta a las soleadas costas tropicales con "Una verdadera celebración de la cocina tropical". Este libro de cocina es una celebración opulenta de los sabores vívidos y diversos que caracterizan la cocina tropical: un caleidoscopio de sabores que bailan en el paladar y evocan el espíritu alegre de los destinos soleados. Con 100 recetas meticulosamente seleccionadas, esta colección es su pasaporte para saborear la abundancia de frutas exóticas, especias aromáticas y las ricas tradiciones culinarias que definen la gastronomía tropical.

Cierra los ojos e imagina un paisaje adornado con playas bordeadas de palmeras, aguas azules y mercados vibrantes repletos de delicias tropicales. Ahora, abre este libro de cocina y deja que sea tu guía para transformar tu cocina en un paraíso tropical. "Una verdadera celebración de la cocina tropical" es más que un viaje culinario; es una exploración del vibrante tapiz tejido por las tradiciones culinarias del Caribe, las islas del Pacífico y el sudeste asiático.

Desde el primer sorbo de un refrescante cóctel a base de coco hasta el último bocado de un delicioso postre de frutas tropicales, cada receta es un testimonio de la alegría, la festividad y la riqueza que definen la cocina tropical. Ya sea que esté organizando una animada reunión junto a la playa, creando un festín para sus seres queridos o simplemente buscando infundir a sus comidas diarias el espíritu de las islas, estas recetas están diseñadas para llevar la celebración tropical a su mesa.

Únase a nosotros mientras nos adentramos en el exuberante mundo de ingredientes tropicales, especias vibrantes y el arte de celebrar a través de platos deliciosos. Con el telón de fondo de cielos azules y costas arenosas, "Una verdadera celebración de la cocina tropical" lo invita a embarcarse en una escapada culinaria que captura la esencia de las costas soleadas y eleva sus comidas cotidianas a celebraciones festivas.

Entonces, prepare su mesa con colores que recuerden a los mares turquesas y la flora tropical, reúna sus ingredientes y deje que comience la celebración mientras nos sumergimos en las maravillas culinarias tropicales que le esperan en las páginas de este libro de cocina. ¡Prepárate para saborear la alegría, los sabores y la máxima celebración de la cocina tropical!

DESAYUNOS TROPICALES

1. Tortilla Tropical

INGREDIENTES:
- 3 huevos
- 2 cucharadas de leche de coco
- ¼ taza de piña picada
- ¼ de taza de pimientos morrones cortados en cubitos
- ¼ de taza de cebolla morada picada
- ¼ taza de queso rallado (cheddar o mozzarella)
- 1 cucharada de cilantro fresco picado
- Sal y pimienta para probar
- Mantequilla o aceite para cocinar

INSTRUCCIONES:

a) En un bol, mezcle los huevos, la leche de coco, la sal y la pimienta.

b) Calienta una sartén antiadherente a fuego medio y agrega un poco de mantequilla o aceite para cubrir la superficie.

c) Vierte la mezcla de huevo en la sartén y déjala cocinar por un minuto hasta que los bordes comiencen a cuajar.

d) Espolvoree la piña picada, los pimientos morrones, la cebolla morada, el queso rallado y el cilantro picado sobre la mitad de la tortilla.

e) Con una espátula, dobla la otra mitad de la tortilla sobre el relleno.

f) Cocine por un minuto más o hasta que el queso se derrita y la tortilla esté bien cocida.

g) Desliza la tortilla en un plato y sírvela caliente.

h) ¡Disfruta de los sabores tropicales de la deliciosa tortilla!

2.Pudín de piña y chía

INGREDIENTES:
- 1 lata (13,5 onzas) de leche de coco
- 1 taza de yogur griego natural al 2%
- ½ taza de semillas de chía
- 2 cucharadas de miel
- 2 cucharadas de azúcar
- 1 cucharadita de extracto de vainilla
- Una pizca de sal kosher
- 1 taza de mango cortado en cubitos
- 1 taza de piña picada
- 2 cucharadas de coco rallado

INSTRUCCIONES:

a) En un tazón grande, mezcle la leche de coco, el yogur, las semillas de chía, la miel, el azúcar, la vainilla y la sal hasta que estén bien combinados.

b) Divida la mezcla uniformemente en cuatro frascos de vidrio (16 onzas).

c) Cubra y refrigere durante la noche o hasta por 5 días.

d) Sirva frío, cubierto con mango y piña y espolvoreado con coco.

3. Tostada Francesa Tropical

INGREDIENTES:
- 4 rebanadas de pan
- 2 huevos
- ½ taza de leche de coco
- 1 cucharadita de extracto de vainilla
- 1 cucharada de miel o jarabe de arce
- Pizca de sal
- Plátanos y mangos en rodajas para cubrir
- Sirope de arce o miel para rociar

INSTRUCCIONES:

a) En un tazón poco profundo, mezcle los huevos, la leche de coco, el extracto de vainilla, la miel o el jarabe de arce y la sal.

b) Sumerge cada rebanada de pan en la mezcla de huevo, dejándola en remojo durante unos segundos por cada lado.

c) Calienta una sartén o plancha antiadherente a fuego medio y engrasa ligeramente con mantequilla o aceite.

d) Cocine las rebanadas de pan remojadas en la sartén hasta que estén doradas por ambos lados.

e) Transfiera las tostadas francesas a platos para servir.

f) Cubra con plátanos y mangos en rodajas.

g) Rocíe con jarabe de arce o miel.

h) ¡Disfruta del toque tropical de las clásicas tostadas francesas!

4.Gofres Dorados con Frutas Tropicales

INGREDIENTES:
MANTEQUILLA DE DÁTIL
- 1 barra de mantequilla sin sal, temperatura ambiente
- 1 taza de dátiles deshuesados picados en trozos grandes

GOFRES
- 1 ½ tazas de harina para todo uso
- 1 taza de harina de sémola molida gruesa
- ¼ taza de azúcar granulada
- 2 ½ cucharaditas de polvo para hornear
- ½ cucharadita de bicarbonato de sodio
- ¾ cucharadita de sal gruesa
- 1 ¾ tazas de leche entera, temperatura ambiente
- ⅓ taza de crema agria, temperatura ambiente
- 1 barra de mantequilla sin sal, derretida
- 2 huevos grandes, temperatura ambiente
- 1 cucharadita de extracto puro de vainilla
- Aerosol para cocinar con aceite vegetal
- Kiwis y cítricos en rodajas, pistachos picados y jarabe de arce puro, para servir

INSTRUCCIONES:
MANTEQUILLA DE DÁTIL:
a) Pulse la mantequilla y los dátiles en un procesador de alimentos, raspando los lados unas cuantas veces, hasta que queden suaves y combinados. La mantequilla de dátiles se puede preparar con una semana de anticipación y guardar en el refrigerador; llevar a temperatura ambiente antes de usar.

GOFRES:
b) Batir la harina, el azúcar, el polvo para hornear, el bicarbonato de sodio y la sal en un tazón grande. En un recipiente aparte, mezcle la leche, la crema agria, la mantequilla, los huevos y la vainilla.

c) Batir la mezcla de leche con la mezcla de harina solo para combinar.

d) Precalienta la plancha para gofres. Cubra con una fina capa de aceite en aerosol. Vierta 1 ¼ de taza de masa por gofre en el centro de la plancha, permitiendo que se extienda casi hasta los bordes.

e) Cierre la tapa y cocine hasta que esté dorado y crujiente, de 6 a 7 minutos.

f) Retirar de la plancha y mezclar rápidamente entre las manos varias veces para liberar vapor y ayudar a conservar la textura crujiente, luego transferir a una rejilla colocada en una bandeja para hornear con borde; manténgalo caliente en un horno a 225 grados hasta que esté listo para servir.

g) Repita el recubrimiento de la plancha con más spray para cocinar entre lotes.

Sirva con mantequilla de dátiles, fruta, pistachos y almíbar.

5.Crepes de frutas tropicales

INGREDIENTES:
- 4 onzas de harina común, tamizada
- 1 pizca de sal
- 1 cucharadita de azúcar en polvo
- 1 huevo, más una yema
- ½ litro de leche
- 2 cucharadas de mantequilla derretida
- 4 onzas de azúcar
- 2 cucharadas de brandy o ron
- 2½ tazas de mezcla de frutas tropicales

INSTRUCCIONES:
a)   Para hacer la masa de crepe, coloque la harina, la sal y el azúcar en polvo en un bol y mezcle.
b)   Incorpora poco a poco los huevos, la leche y la mantequilla. Dejar reposar al menos 2 horas.
c)   Calienta una sartén ligeramente engrasada, revuelve la masa y úsala para hacer 8 crepes. Manténgase caliente.
d)   Para hacer el relleno, coloca la mezcla de frutas tropicales en una cacerola con el azúcar y calienta suavemente hasta que el azúcar se disuelva.
e)   Llevar a ebullición y calentar hasta que el azúcar se caramelice. Agrega el brandy.
f)   Rellena cada Crêpe con la fruta y sirve inmediatamente con nata o nata fresca.

6.Pudín de coco tropical

INGREDIENTES:
- ¾ taza de avena tradicional sin gluten
- ½ taza de coco rallado sin azúcar
- 2 tazas de agua
- 1¼ tazas de leche de coco
- ½ cucharadita de canela molida
- 1 plátano, en rodajas

INSTRUCCIONES:

a) En un tazón, combine la avena, el coco y el agua. Cubra y enfríe durante la noche.

b) Transfiera la mezcla a una cacerola pequeña.

c) Agregue la leche y la canela y cocine a fuego lento durante unos 12 minutos a fuego medio.

d) Retirar del fuego y dejar reposar durante 5 minutos.

e) Divida en 2 tazones y cubra con las rodajas de plátano.

7.Panqueques Tropicales

INGREDIENTES:
- 1¾ tazas de copos de avena a la antigua
- 1½ cucharaditas de polvo para hornear
- 1 cucharadita de bicarbonato de sodio
- ½ cucharadita de canela
- ¼ cucharadita de sal
- 1 plátano mediano maduro, triturado
- 2 cucharadas de aceite de coco, derretido
- 1 cucharada de jarabe de arce
- 1 huevo grande
- 1 cucharadita de extracto de vainilla
- ¾ taza de leche descremada al 2%
- ½ taza de leche de coco entera en lata
- ½ taza de piña finamente picada
- ½ taza de mango finamente picado

INSTRUCCIONES:

a) Agrega todos los ingredientes, excepto la piña y el mango, a una licuadora.

b) Bate la mezcla en la licuadora hasta obtener un líquido suave.

c) Vierta la masa para panqueques en un tazón grande.

d) Agrega la piña y el mango.

e) Deje reposar la masa de 5 a 10 minutos. Esto permite que todos los ingredientes se unan y le da a la masa una mejor consistencia.

f) Rocíe generosamente una sartén o plancha antiadherente con aceite vegetal y caliente a fuego medio-bajo.

g) Una vez que la sartén esté caliente, agregue la masa con una taza medidora de ¼ de taza y vierta la masa en la sartén para hacer el panqueque. Utilice la taza medidora para ayudar a darle forma al panqueque.

h) Cocine hasta que los lados parezcan firmes y se formen burbujas en el medio (aproximadamente de 2 a 3 minutos), luego voltee el panqueque.

i) Una vez que el panqueque esté cocido por ese lado, retira el panqueque del fuego y colócalo en un plato.

8.Tazón de yogur tropical

INGREDIENTES:
- Trozos de piña, en rodajas
- Kiwi, en rodajas
- rodajas de mango
- ½ taza de yogur griego
- chips de coco
- avellanas picadas

INSTRUCCIONES:

a) En un tazón, agregue el yogur griego y cubra con frutas y otros aderezos.

9.Tazón de batido de frutas tropicales

INGREDIENTES:
- 1 plátano maduro
- 1 taza de trozos de mango congelados
- 1 taza de trozos de piña congelados
- ½ taza de leche de coco
- Ingredientes: kiwi en rodajas, coco rallado, granola, semillas de chía

INSTRUCCIONES:

a) En una licuadora, combine el plátano, los trozos de mango, los trozos de piña y la leche de coco.
b) Mezcle hasta que esté suave y cremosa.
c) Vierte el batido en un bol.
d) Cubra con kiwi en rodajas, coco rallado, granola y semillas de chía.
e) ¡Disfruta de tu refrescante batido de frutas tropicales!

10. Panqueques De Mango Y Coco

INGREDIENTES:
- 1 taza de harina para todo uso
- 1 cucharada de azúcar
- 1 cucharadita de polvo para hornear
- ½ cucharadita de bicarbonato de sodio
- ¼ cucharadita de sal
- 1 taza de leche de coco
- ½ taza de puré de mango
- 1 huevo
- 2 cucharadas de mantequilla derretida
- Mango en rodajas para cubrir

INSTRUCCIONES:
a) En un bol, mezcle la harina, el azúcar, el polvo para hornear, el bicarbonato de sodio y la sal.
b) En otro tazón, combine la leche de coco, el puré de mango, el huevo y la mantequilla derretida.
c) Vierta los ingredientes húmedos en los ingredientes secos y revuelva hasta que estén combinados.
d) Calienta una sartén o plancha antiadherente a fuego medio y engrasa ligeramente con mantequilla o aceite.
e) Vierta ¼ de taza de la masa en el molde para cada panqueque.
f) Cocine hasta que se formen burbujas en la superficie, luego voltee y cocine por el otro lado hasta que se doren.
g) Sirve los panqueques de mango y coco con mango en rodajas encima.
h) ¡Disfruta de los sabores tropicales de estos panqueques esponjosos!

11. Tazón de acai tropical

INGREDIENTES:
- 2 paquetes de acai congelado
- 1 plátano maduro
- ½ taza de bayas mixtas congeladas
- ½ taza de agua de coco o leche de almendras
- Ingredientes: plátano en rodajas, kiwi, frutos rojos, granola, hojuelas de coco

INSTRUCCIONES:
a) En una licuadora, mezcle los paquetes de acai congelados, el plátano maduro, las bayas mixtas congeladas y el agua de coco o la leche de almendras hasta que quede suave y espesa.
b) Vierta la mezcla de acai en un bol.
c) Cubra con rodajas de plátano, kiwi, bayas, granola y hojuelas de coco.
d) Coloque los ingredientes como desee sobre la mezcla de acai.
e) ¡Sirva inmediatamente y disfrute del refrescante y nutritivo tazón de acai tropical!

12. Tazón de desayuno de quinua, mango y coco

INGREDIENTES:
- ½ taza de quinua cocida
- ¼ taza de leche de coco
- 1 mango maduro, cortado en cubitos
- 2 cucharadas de coco rallado
- 1 cucharada de miel o jarabe de arce
- Ingredientes opcionales: almendras rebanadas, semillas de chía

INSTRUCCIONES:

a) En un tazón, combine la quinua cocida, la leche de coco, el mango cortado en cubitos, el coco rallado y la miel o el jarabe de arce.

b) Revuelve bien para mezclar todos los ingredientes.

c) Si lo desea, agregue aderezos adicionales como almendras rebanadas y semillas de chía.

d) ¡Disfruta de los sabores tropicales de este nutritivo tazón de desayuno de quinua, mango y coco!

13. Parfait de desayuno con papaya y lima

INGREDIENTES:
- 1 papaya madura, cortada en cubitos
- Zumo de 1 lima
- 1 taza de yogur griego
- ¼ taza de granola
- 2 cucharadas de miel o jarabe de arce
- Hojas de menta fresca para decorar.

INSTRUCCIONES:

a) En un bol, combine la papaya picada y el jugo de lima. Mezcle suavemente para cubrir la papaya con jugo de lima.

b) En vasos o tazones para servir, coloque capas de la mezcla de papaya, yogur griego y granola.

c) Rocíe miel o jarabe de arce encima.

d) Adorne con hojas de menta fresca.

e) ¡Disfruta del refrescante y picante parfait de desayuno con papaya y lima!

14. Burrito de desayuno tropical

INGREDIENTES:
- 2 tortillas grandes
- 4 huevos revueltos
- ½ taza de piña picada
- ½ taza de pimientos morrones cortados en cubitos
- ¼ de taza de cebolla morada picada
- ¼ taza de queso rallado (cheddar o mozzarella)
- Cilantro fresco para decorar
- Sal y pimienta para probar
- Salsa o salsa picante para servir (opcional)

INSTRUCCIONES:
a) En una sartén cocina los huevos revueltos hasta que estén cocidos. Condimentar con sal y pimienta.
b) Calienta las tortillas en una sartén aparte o en el microondas.
c) Divida los huevos revueltos, la piña picada, los pimientos morrones picados, la cebolla morada picada y el queso rallado entre las tortillas.
d) Dobla los lados de las tortillas y enróllalas para formar burritos.
e) Opcional: tuesta ligeramente los burritos en una sartén para que queden crujientes.
f) Adorne con cilantro fresco.
g) Sirva con salsa o salsa picante, si lo desea.
h) ¡Disfruta del toque tropical de un burrito de desayuno clásico!

15. Pan de coco y plátano

INGREDIENTES:
- 2 plátanos maduros, triturados
- ½ taza de leche de coco
- ¼ de taza de aceite de coco derretido
- ¼ de taza de miel o jarabe de arce
- 1 cucharadita de extracto de vainilla
- 1 ¾ tazas de harina para todo uso
- 1 cucharadita de polvo para hornear
- ½ cucharadita de bicarbonato de sodio
- ¼ cucharadita de sal
- ¼ taza de coco rallado
- Opcional: ½ taza de nueces tropicales picadas

INSTRUCCIONES:

a) Precalienta el horno a 350°F (175°C) y engrasa un molde para pan.

b) En un tazón grande, combine el puré de plátanos, la leche de coco, el aceite de coco derretido, la miel o el jarabe de arce y el extracto de vainilla. Mezclar bien.

c) En un recipiente aparte, mezcle la harina, el polvo para hornear, el bicarbonato de sodio y la sal.

d) Agregue gradualmente los ingredientes secos a los ingredientes húmedos, revolviendo hasta que estén combinados.

e) Incorpora el coco rallado y las nueces picadas (si las usas).

f) Vierta la masa en el molde para pan preparado y extiéndala uniformemente.

g) Hornee durante 45-55 minutos o hasta que al insertar un palillo en el centro, éste salga limpio.

h) Retirar del horno y dejar enfriar el pan de plátano y coco en el molde durante unos minutos.

i) Transfiera el pan a una rejilla para que se enfríe por completo.

j) Corta y sirve el delicioso pan de plátano y coco tropical.

16. Tacos de desayuno tropicales

INGREDIENTES:
- 4 tortillas de maíz pequeñas
- 4 huevos revueltos
- ½ taza de piña picada
- ¼ de taza de pimiento rojo picado
- ¼ de taza de cebolla morada picada
- ¼ de taza de cilantro fresco picado
- Zumo de 1 lima
- Sal y pimienta para probar
- Ingredientes opcionales: aguacate en rodajas, salsa, salsa picante

INSTRUCCIONES:

a) En un tazón, combine la piña cortada en cubitos, el pimiento rojo, la cebolla morada, el cilantro, el jugo de limón, la sal y la pimienta. Mezclar bien.

b) Calienta las tortillas de maíz en una sartén o en el microondas.

c) Rellena cada tortilla con huevos revueltos y cubre con la salsa de piña tropical.

d) Agregue aderezos opcionales como aguacate en rodajas, salsa o salsa picante.

e) Sirve los deliciosos tacos tropicales de desayuno.

17.Tostada Tropical De Aguacate

INGREDIENTES:
- 2 rebanadas de pan integral, tostadas
- 1 aguacate maduro, pelado y sin hueso
- Jugo de ½ lima
- ¼ taza de piña picada
- ¼ taza de mango cortado en cubitos
- 1 cucharada de cilantro fresco picado
- Sal y pimienta para probar
- Ingredientes opcionales: rábanos en rodajas, microverduras o queso feta

INSTRUCCIONES:

a) En un bol, tritura el aguacate maduro con un tenedor.

b) Agrega el jugo de lima, la piña cortada en cubitos, el mango cortado en cubitos, el cilantro picado, la sal y la pimienta.

c) Mezclar bien hasta que se combinen todos los ingredientes.

d) Extienda la mezcla de aguacate uniformemente sobre las rebanadas de pan tostado.

e) Cubra con aderezos opcionales si lo desea, como rábanos en rodajas, microvegetales o queso feta desmenuzado.

f) Sirva la tostada de aguacate tropical como un refrigerio o comida ligera delicioso y satisfactorio.

g) ¡Disfruta del cremoso aguacate combinado con frutas tropicales dulces y picantes!

BOCADILLOS TROPICALES

18. Mezcla de bocadillos tropicales

INGREDIENTES:
- 6 tazas de palomitas de maíz reventadas
- 1 taza de piña seca
- 1 taza de nueces de macadamia tostadas
- 1 taza de chips de plátano
- ½ taza de hojuelas de coco tostadas

INSTRUCCIONES

a) En un tazón grande, mezcle todos los ingredientes hasta que estén bien combinados.

b) Sirva inmediatamente o guárdelo en un recipiente hermético.

19. Ceviche de cóctel tropical

INGREDIENTES:
- ¾ libras de pargo
- 1 libra de vieiras; descuartizado
- 1 cebolla morada pequeña; cortado a la mitad, en rodajas finas
- ¼ de taza de cilantro; picado en trozos grandes
- 2 tazas de mango; cortado en cubitos
- 1½ taza de piña; cortado en cubitos
- Escabeche
- 1 taza de jugo de lima; recién exprimido
- 1 cucharada de ralladura de lima; rallado
- 1 taza de vinagre de arroz
- ¼ de taza) de azúcar
- 1½ cucharadita de hojuelas de pimiento rojo; probar
- 1½ cucharadita de sal
- 2 cucharaditas de semillas de cilantro; aplastada

INSTRUCCIONES:
a) Combine los ingredientes de la marinada en un tazón grande de vidrio o de acero inoxidable. Batir y reservar.

b) Enjuague el pescado y las vieiras en agua fría y séquelos con toallas de papel. Agrega las vieiras a la marinada y refrigera. Corte el pescado en trozos de ½" y agréguelo a la marinada con la cebolla.

c) Revuelva suavemente, cubra y refrigere durante al menos 4 horas antes de servir.

d) Revuelva ocasionalmente para asegurarse de que la marinada penetre uniformemente en los mariscos. El ceviche se puede preparar hasta este punto con hasta 2 días de antelación. Aproximadamente 30 minutos antes de servir, agrega el cilantro y las frutas y regresa el plato al refrigerador hasta que esté listo para servir.

e) Sirva en pequeños tazones o platos fríos o, para una apariencia más festiva, en vasos de chupito o vasos de cóctel.

20. Bocaditos de proteína de limón tropical

INGREDIENTES:
- 1¾ tazas de anacardos
- ¼ taza de harina de coco
- ¼ taza de coco rallado sin azúcar
- 3 cucharadas de semillas de cáñamo crudas sin cáscara
- 3 cucharadas de jarabe de arce
- 3 cucharadas de jugo de limón fresco

INSTRUCCIONES:

a) Coloca los anacardos en un procesador de alimentos y procesa hasta que estén muy finos.

b) Agrega el resto de los ingredientes y procesa hasta que estén bien mezclados.

c) Vierte la mezcla en un tazón grande.

d) Tome un trozo de masa y exprímalo hasta formar una bola.

e) Sigue apretando y trabajando unas cuantas veces hasta que se forme una bola sólida.

21. Pizza tropical de nueces

INGREDIENTES:
- 1 masa de pizza ya preparada
- 1 cucharadas de aceite de oliva
- Envase de 13.5 onzas de queso crema con sabor a frutas
- Frasco de 26 onzas de rodajas de mango, escurridas y picadas
- ½ taza de nueces picadas

INSTRUCCIONES:

a)   Cocine la masa de pizza en el horno según las instrucciones del paquete.

b)   Cubra la corteza con el aceite de manera uniforme.

c)   Unte el queso crema sobre la base y cubra con el mango picado y las nueces.

d)   Cortar en rodajas deseadas y servir.

22. Bolas energéticas de piña y coco

INGREDIENTES:
- 1 taza de dátiles, sin hueso
- 1 taza de piña seca
- ½ taza de coco rallado
- ¼ taza de harina de almendras o almendras molidas
- ¼ de taza de semillas de chía
- 1 cucharada de aceite de coco, derretido
- 1 cucharadita de extracto de vainilla

INSTRUCCIONES:

a) En un procesador de alimentos, licúa los dátiles y la piña seca hasta formar una pasta pegajosa.

b) Agrega el coco rallado, la harina de almendras, las semillas de chía, el aceite de coco derretido y el extracto de vainilla al procesador de alimentos.

c) Pulse hasta que todos los ingredientes estén bien combinados y formen una consistencia similar a una masa.

d) Enrolle la mezcla en bolitas.

e) Opcional: enrolle las bolas en coco rallado adicional para cubrirlas.

f) Coloca las bolas energéticas en un recipiente hermético y refrigéralas durante al menos 30 minutos antes de servir.

g) ¡Disfruta de estas sabrosas y energizantes bolitas energéticas de piña y coco!

23. Brochetas de frutas tropicales

INGREDIENTES:
- Frutas tropicales variadas (piña, mango, kiwi, plátano, papaya, etc.), cortadas en trozos pequeños
- Palillos de madera

INSTRUCCIONES:
a) Enhebre las frutas tropicales variadas en las brochetas de madera siguiendo el patrón que desee.
b) Repita con las frutas y brochetas restantes.
c) Sirva las brochetas de frutas tropicales tal cual o con una guarnición de yogur o miel para mojar.
d) ¡Disfruta de estas coloridas y nutritivas brochetas de frutas!

24. Palomitas de maíz con coco y lima

INGREDIENTES:
- ½ taza de granos de palomitas de maíz
- 2 cucharadas de aceite de coco
- Ralladura y jugo de 1 lima
- 2 cucharadas de coco rallado
- Sal al gusto

INSTRUCCIONES:

a) Calienta el aceite de coco en una olla grande a fuego medio.

b) Agrega los granos de palomitas de maíz y tapa la olla.

c) Agite la olla de vez en cuando para evitar que se queme.

d) Una vez que el estallido disminuya, retira la olla del fuego y déjala reposar durante un minuto para asegurarte de que todos los granos hayan estallado.

e) En un tazón pequeño, combine la ralladura de lima, el jugo de lima, el coco rallado y la sal.

f) Rocíe la mezcla de lima y coco sobre las palomitas de maíz recién hechas y revuelva para cubrir uniformemente.

g) ¡Disfruta de las sabrosas y tropicales palomitas de coco y lima como un refrigerio ligero y sabroso!

25. Guacamole De Coco Y Lima

INGREDIENTES:
- 2 aguacates maduros
- Zumo de 1 lima
- Ralladura de 1 lima
- 2 cucharadas de cilantro fresco picado
- 2 cucharadas de cebolla morada picada
- 2 cucharadas de coco rallado
- Sal y pimienta para probar

INSTRUCCIONES:

a) En un bol, tritura los aguacates maduros con un tenedor hasta que estén cremosos.

b) Agrega el jugo de lima, la ralladura de lima, el cilantro picado, la cebolla morada picada, el coco rallado, la sal y la pimienta.

c) Mezclar bien para combinar todos los ingredientes.

d) Pruebe y ajuste el condimento al gusto.

e) Sirve el guacamole de coco y lima con totopos o úsalo como un delicioso aderezo para tacos, sándwiches o ensaladas.

f) ¡Disfruta de los sabores cremosos y picantes de este toque tropical de guacamole!

26. Camarones con coco

INGREDIENTES:
- 1 libra de camarones, pelados y desvenados
- ½ taza de harina para todo uso
- ½ taza de coco rallado
- 2 huevos batidos
- Sal y pimienta para probar
- Aceite de cocina para freír

INSTRUCCIONES:

a) En un tazón poco profundo, combine la harina para todo uso, el coco rallado, la sal y la pimienta.

b) Sumerge cada camarón en los huevos batidos, dejando que escurra el exceso, y luego cúbrelos con la mezcla de coco.

c) Calienta el aceite de cocina en una sartén u olla profunda a fuego medio-alto.

d) Fríe los camarones cubiertos de coco en tandas hasta que estén dorados y crujientes, aproximadamente 2-3 minutos por lado.

e) Retire los camarones del aceite y escúrralos sobre toallas de papel.

f) Sirva los camarones al coco como un delicioso aperitivo o refrigerio tropical con una salsa de su elección, como salsa de chile dulce o salsa de mango.

g) ¡Disfruta de los crujientes y sabrosos camarones al coco!

27. Barras de granola tropicales

INGREDIENTES:
- 1 ½ tazas de copos de avena
- ½ taza de coco rallado
- ¼ taza de piña seca picada
- ¼ taza de mango seco picado
- ¼ taza de papaya seca picada
- ¼ de taza de nueces picadas (p. ej., almendras, anacardos, nueces de macadamia)
- ¼ de taza de miel o jarabe de arce
- ¼ de taza de mantequilla de nueces (p. ej., mantequilla de almendras, mantequilla de maní)
- 1 cucharadita de extracto de vainilla
- Pizca de sal

INSTRUCCIONES:

a) Precalienta el horno a 350 °F (175 °C) y cubre una fuente para horno con papel pergamino.

b) En un tazón grande, combine los copos de avena, el coco rallado, la piña seca picada, el mango seco picado, la papaya seca picada y las nueces picadas.

c) En una cacerola pequeña, caliente la miel o el jarabe de arce, la mantequilla de nueces, el extracto de vainilla y la sal a fuego lento hasta que se derrita y esté bien combinado.

d) Vierta la mezcla de miel o jarabe de arce sobre los ingredientes secos y revuelva hasta que todo esté cubierto uniformemente.

e) Transfiera la mezcla a la fuente para hornear preparada y presiónela firmemente.

f) Hornee durante 15-20 minutos o hasta que los bordes se doren.

g) Retirar del horno y dejar enfriar completamente en el molde.

h) Una vez enfriado, córtelo en barras o cuadrados.

i) Guarde las barras de granola tropicales en un recipiente hermético para comerlas mientras viaja.

j) ¡Disfruta de estas nutritivas barras de granola caseras repletas de sabores tropicales!

28. Rollitos de salsa de mango tropical

INGREDIENTES:
- 4 tortillas de harina grandes
- 1 taza de queso crema
- 1 taza de salsa de mango
- ½ taza de hojas de lechuga o espinacas ralladas

INSTRUCCIONES:

a) Coloque las tortillas de harina sobre una superficie limpia.

b) Extiende una capa de queso crema uniformemente sobre cada tortilla.

c) Vierta la salsa de mango sobre la capa de queso crema, extendiéndola para cubrir la tortilla.

d) Espolvoree lechuga rallada o hojas de espinaca encima de la salsa.

e) Enrolle bien cada tortilla, comenzando por un extremo.

f) Corta cada tortilla enrollada en molinetes del tamaño de un bocado.

g) Sirva los rollitos de salsa de mango tropical como un refrigerio o aperitivo sabroso y refrescante.

h) ¡Disfruta de la combinación de sabores cremosos, picantes y tropicales!

29.Brochetas De Piña A La Parrilla

INGREDIENTES:
- 1 piña, pelada, sin corazón y cortada en trozos
- 2 cucharadas de miel o jarabe de arce
- 1 cucharadita de canela molida
- Brochetas de madera, remojadas en agua durante 30 minutos.

INSTRUCCIONES:

a) Precalienta una parrilla o sartén a fuego medio.

b) En un tazón pequeño, mezcle la miel o el jarabe de arce y la canela molida.

c) Ensarta los trozos de piña en las brochetas de madera.

d) Unte la piña con la mezcla de miel o jarabe de arce, cubriendo todos los lados.

e) Coloque las brochetas de piña en la parrilla precalentada y cocine durante unos 2-3 minutos por lado, o hasta que aparezcan las marcas de la parrilla y la piña se caramelice ligeramente.

f) Retirar del grill y dejar enfriar unos minutos.

g) Sirve las brochetas de piña asada como merienda o postre dulce y tropical.

h) ¡Disfruta de los sabores ahumados y caramelizados de la piña asada!

30. Bocaditos de plátano y coco

INGREDIENTES:
- 2 plátanos, pelados y cortados en trozos pequeños
- ¼ de taza de chocolate amargo derretido
- ¼ taza de coco rallado

INSTRUCCIONES:
a) Cubra una bandeja para hornear con papel pergamino.
b) Sumerja cada trozo de plátano en el chocolate amargo derretido, cubriéndolo aproximadamente hasta la mitad.
c) Enrolle el plátano cubierto de chocolate en coco rallado hasta que esté uniformemente cubierto.
d) Coloque los bocados de plátano rebozados en la bandeja para hornear preparada.
e) Repita con los trozos de plátano restantes.
f) Refrigera por al menos 30 minutos o hasta que el chocolate endurezca.
g) Sirva los bocados de coco y plátano como un delicioso refrigerio o postre tropical.
h) ¡Disfruta de la combinación de plátano cremoso, chocolate rico y coco!

31. Salsa de yogur tropical

INGREDIENTES:
- 1 taza de yogur griego
- ½ taza de piña picada
- ½ taza de mango cortado en cubitos
- ¼ de taza de pimiento rojo picado
- ¼ de taza de cebolla morada picada
- ¼ de taza de cilantro fresco picado
- 1 cucharada de jugo de lima
- ½ cucharadita de ajo en polvo
- Sal y pimienta para probar

INSTRUCCIONES:

a) En un tazón, combine el yogur griego, la piña picada, el mango cortado en cubitos, el pimiento rojo picado, la cebolla morada picada, el cilantro picado, el jugo de limón, el ajo en polvo, la sal y la pimienta.

b) Mezclar bien hasta que todos los ingredientes estén bien combinados.

c) Pruebe y ajuste la sazón si es necesario.

d) Sirva la salsa tropical con totopos, pan pita o palitos de verduras.

e) ¡Disfruta de esta salsa cremosa y sabrosa con un toque tropical!

32. Ensalada De Frutas Tropicales

INGREDIENTES:
- 2 tazas de piña picada
- 1 taza de mango cortado en cubitos
- 1 taza de papaya picada
- 1 taza de kiwi en rodajas
- 1 taza de fresas en rodajas
- 1 cucharada de jugo de limón fresco
- 1 cucharada de miel o jarabe de arce
- Ingredientes opcionales: coco rallado o menta fresca picada

INSTRUCCIONES:

a) En un tazón grande, combine la piña cortada en cubitos, el mango cortado en cubitos, la papaya cortada en cubitos, el kiwi en rodajas y las fresas en rodajas.

b) En un tazón pequeño, mezcle el jugo de lima y la miel o el jarabe de arce.

c) Rocíe el aderezo de lima sobre la ensalada de frutas y revuelva suavemente para cubrir.

d) Opcional: espolvoree coco rallado o menta fresca picada encima para darle más sabor y decore.

e) Sirve la ensalada de frutas tropicales fría como un snack refrescante y saludable.

f) ¡Disfruta de los sabores vibrantes y jugosos de esta mezcla tropical!

g) Estas 20 recetas de bocadillos tropicales deberían brindarle una variedad de opciones deliciosas y sabrosas para disfrutar. Ya sea que esté buscando algo dulce, salado, cremoso o crujiente, estas recetas seguramente satisfarán sus antojos tropicales. ¡Disfrutar!

PRINCIPALES TROPICALES

33. Ensalada cremosa de frutas tropicales

INGREDIENTES:
- Lata de 15.25 onzas de ensalada de frutas tropicales, escurrida
- 1 plátano, en rodajas
- 1 taza de cobertura batida congelada, descongelada

INSTRUCCIONES:
a) En un tazón mediano, combine todos los ingredientes.
b) Revuelva suavemente para cubrir.

34. Pollo Tropical Con Piña

INGREDIENTES:
- 1 pimiento
- 1 cebolla morada pequeña
- 1 libra (450 g) de filetes de pechuga de pollo deshuesados y sin piel
- 2 tazas de guisantes dulces
- 1 lata (14 oz/398 ml) de trozos de piña en jugo
- 2 cucharadas de aceite de coco derretido
- 1 paquete de condimento para pollo con piña tropical
- jugo de lima fresco

INSTRUCCIONES :

a) Precaliente el horno a 425° F. Cubra la bandeja para hornear con el revestimiento para bandejas.

b) Cortar el pimiento y la cebolla. En un tazón grande, combine el pimiento, la cebolla, el pollo, los guisantes, los trozos de piña (incluido el jugo), el aceite de coco y el condimento. Mezcle hasta que esté bien cubierto.

c) Colóquelos en una sola capa sobre la sartén lo mejor que pueda. Ase durante 16 minutos o hasta que el pollo esté bien cocido.

d) Termine con un chorrito de lima fresca, si lo desea.

35.Prueba los camarones del trópico

INGREDIENTES:
- 1 lima, cortada por la mitad
- 1 paquete de condimento para pollo con piña tropical
- 1 cucharada de aceite de coco derretido
- 1 cucharada de miel
- 2 pimientos morrones, cortados en trozos
- 1 calabacín pequeño, cortado en rodajas de ½ pulgada
- 2 tazas de trozos de mango congelados
- 1 libra de camarones crudos, pelados y congelados, descongelados

INSTRUCCIONES :

a) Precaliente el horno a 425° F. Cubra la bandeja para hornear con el revestimiento para bandejas.

b) Con un exprimidor de cítricos 2 en 1, exprime el jugo de la lima en un tazón grande.

c) Agregue el condimento, el aceite y la miel. Revuelve para combinar.

d) Coloque los pimientos, el calabacín y el mango en una sartén.

e) Vierta la mitad de la salsa encima.

f) Con unas pinzas, revuelva para cubrir.

g) Colocar en el horno y asar durante 10 min.

h) Mientras tanto, agrega los camarones al tazón con la salsa restante; revuelva para cubrir.

i) Retire la fuente del horno; agrega los camarones en una sola capa lo mejor que puedas.

j) Ase durante 3 a 4 minutos o hasta que los camarones estén cocidos.

36. Cerdo Caribeño A La Parrilla Con Salsa Tropical

INGREDIENTES:
SALSAS:
- 1 piña pequeña, pelada, sin corazón y cortada en cubitos
- 1 naranja mediana, pelada y cortada en cubitos
- 2 cucharadas de cilantro fresco, picado
- Jugo de media lima fresca

CERDO:
- ½ cucharadas de azúcar moreno
- 2 cucharaditas de ajo picado
- 2 cucharaditas de jengibre picado
- 2 cucharaditas de comino molido
- 2 cucharaditas de cilantro molido
- ½ cucharadita de cúrcuma
- 2 cucharadas de aceite de canola
- 6 chuletas de lomo de cerdo

INSTRUCCIONES:
a) Haga salsa combinando jugo de piña, naranja, cilantro y lima en un tazón. Dejar de lado. Se puede preparar con hasta 2 días de anticipación y refrigerar.

b) En un tazón pequeño, combine la mezcla de azúcar morena, ajo, jengibre, comino, cilantro y cúrcuma.

c) Unte ambos lados de las chuletas de cerdo con aceite de canola y frote ambos lados.

d) Precalienta la barbacoa a fuego medio-alto. Coloque las chuletas de cerdo en la parrilla durante unos 5 minutos por lado o hasta que estén cocidas a una temperatura interna de 160 °F.

e) Sirve cada chuleta acompañada con ⅓ taza de salsa.

37.Cola de langosta con frutas tropicales a la parrilla

INGREDIENTES:
- 4 brochetas de bambú o metal
- ¾ piña dorada, pelada, sin corazón y cortada en trozos de 1 pulgada
- 2 plátanos, pelados y cortados transversalmente en ocho trozos de 1 pulgada
- 1 mango, pelado, sin hueso y cortado en cubos de 1 pulgada
- 4 langostas de roca o colas grandes de langosta de Maine
- ¾ taza de glaseado de soja dulce
- 1 taza de mantequilla, derretida
- 4 gajos de lima

INSTRUCCIONES:

a) Si está asando con brochetas de bambú, remójelas en agua durante al menos 30 minutos. Encienda una parrilla a fuego moderado directo, aproximadamente 350¼F.

b) Alternativamente, ensarte los trozos de piña, plátano y mango en las brochetas, usando aproximadamente 2 trozos de cada fruta por brocheta.

c) Mariposa las colas de langosta dividiendo cada cola a lo largo a través del caparazón superior redondeado y la carne, dejando intacto el caparazón inferior plano. Si la cáscara es muy dura, use tijeras de cocina para cortar la cáscara redondeada y un cuchillo para cortar la carne.

d) Abre suavemente la cola para exponer la carne.

e) Unte ligeramente el glaseado de soja sobre las brochetas de frutas y la carne de langosta. Cepille la parrilla y cúbrala con aceite. Coloque las colas de langosta, con la carne hacia abajo, directamente sobre el fuego y cocínelas hasta que estén bien marcadas, de 3 a 4 minutos. Presione las colas sobre la parrilla con una espátula o pinzas para ayudar a dorar la carne. Voltee y ase hasta que la carne esté firme y blanca, rociándola con el glaseado de soja, de 5 a 7 minutos más.

f) Mientras tanto, asa las brochetas de fruta junto con la langosta hasta que estén bien marcadas, aproximadamente de 3 a 4 minutos por lado.

g) Sirva con la mantequilla derretida y rodajas de lima para exprimir.

38. Ensalada tropical de frijoles negros con mango

INGREDIENTES:
- 3 tazas de frijoles negros cocidos, escurridos y enjuagados
- ½ taza de pimiento rojo picado
- ¼ de taza de cebolla morada picada
- ¼ de taza de cilantro fresco picado
- 1 jalapeño, sin semillas y picado (opcional)
- 3 cucharadas de aceite de semilla de uva
- 2 cucharadas de jugo de lima fresco
- 2 cucharaditas de néctar de agave
- ¼ cucharadita de sal
- ⅛ cucharadita de cayena molida

INSTRUCCIONES:

a) En un tazón grande, combine los frijoles, el mango, el pimiento morrón, la cebolla, el cilantro y el jalapeño, si los usa, y reserve.

b) En un tazón pequeño, mezcle el aceite, el jugo de lima, el néctar de agave, la sal y la cayena. Vierta el aderezo sobre la ensalada y mezcle bien.

c) Refrigera por 20 minutos y sirve.

39. Tazón de arroz tropical

INGREDIENTES:
BOL
- 1 camote, pelado y cortado en trozos pequeños
- 1 cucharada de aceite de oliva virgen extra
- 2 tazas de arroz jazmín, cocido
- 1 piña, pelada, sin corazón y cortada en trozos pequeños
- ¼ de taza de anacardos
- 4 cucharadas de semillas de cáñamo crudas sin cáscara

SALSA AGRIDULCE
- 1 cucharada de maicena
- ½ taza de piña picada
- ¼ taza de vinagre de arroz
- ⅓ taza de azúcar moreno claro
- 3 cucharadas de salsa de tomate
- 2 cucharaditas de salsa de soja

INSTRUCCIONES:
BATATA
a) Precalienta el horno a 425ºF.
b) Echa el boniato con el aceite. Colóquelo en una bandeja para hornear y ase durante 30 minutos.
c) Retirar del horno y dejar enfriar.

SALSA AGRIDULCE
d) Batir la maicena y 1 cucharada de agua en un tazón pequeño. Dejar de lado.
e) Agrega la piña y ¼ de taza de agua a una licuadora. Licue hasta que la mezcla esté lo más suave posible.
f) Agrega la mezcla de piña, el vinagre de arroz, el azúcar moreno, el ketchup y la salsa de soja a una cacerola mediana.
g) Llevar a ebullición a fuego medio-alto.
h) Agregue la mezcla de maicena y cocine hasta que espese, aproximadamente un minuto. Retirar del fuego y reservar mientras se montan los tazones.

ASAMBLEA
i) Coloque arroz en el fondo de cada tazón. Agregue hileras de piña, anacardos, semillas de cáñamo y camote.
j) Cubra con la salsa agridulce.

40. Brochetas de cerdo tropicales

INGREDIENTES:
- 8 brochetas de madera o metal
- 2 libras de lomo de cerdo, cortado en trozos de 1 pulgada
- 2 pimientos rojos grandes, sin corazón, limpios y cortados en 8 trozos
- 1 pimiento verde, sin corazón, limpio y cortado en 8 trozos
- ½ piña fresca, cortada en 4 gajos y luego en gajos
- ½ taza de miel
- ½ taza de jugo de lima
- 2 cucharaditas de piel de lima rallada
- 3 dientes de ajo, picados
- ¼ taza de mostaza amarilla
- 1 cucharadita de sal
- ¼ cucharadita de pimienta negra

INSTRUCCIONES:

a) Si usas brochetas de madera, remójalas en agua durante 15 a 20 minutos.

b) Alternativamente , ensarte cada brocheta con trozos de cerdo, 2 trozos de pimiento rojo, 1 trozo de pimiento verde y 2 trozos de piña.

c) En una fuente para hornear de 9" x 13", mezcle la miel, el jugo de lima, la cáscara de lima rallada, el ajo, la mostaza amarilla, la sal y la pimienta negra; mezclar bien. Coloque las brochetas en una fuente para horno y gírelas para cubrirlas con la marinada. Cubra y refrigere durante al menos 4 horas o toda la noche, rotando ocasionalmente.

d) Calienta la parrilla a fuego moderado -alto. Rocíe las brochetas con la marinada; deseche el exceso de marinada.

e) Ase las brochetas durante 7 a 9 minutos, o hasta que la carne de cerdo ya no esté rosada, girándolas con frecuencia para cocinar por todos lados.

41. Cerdo Jerk Jamaiquino

INGREDIENTES:
- 2 libras de lomo de cerdo, cortado en cubos o tiras
- 3 cucharadas de condimento jamaiquino
- 2 cucharadas de aceite vegetal
- 2 cucharadas de jugo de lima
- 2 cucharadas de salsa de soja
- 2 cucharadas de azúcar moreno
- 2 dientes de ajo, picados
- 1 cucharadita de jengibre rallado
- Sal y pimienta para probar

INSTRUCCIONES:

a) En un tazón, combine el condimento jamaicano, el aceite vegetal, el jugo de limón, la salsa de soja, el azúcar moreno, el ajo picado, el jengibre rallado, la sal y la pimienta.

b) Agregue los cubos o tiras de lomo de cerdo al tazón y revuelva para cubrir uniformemente con la marinada.

c) Cubra el recipiente y refrigere durante al menos 1 hora, o toda la noche para obtener un sabor más intenso.

d) Precalienta una parrilla o sartén a fuego medio-alto.

e) Retire la carne de cerdo de la marinada, sacudiendo el exceso.

f) Ase la carne de cerdo durante aproximadamente 4 a 6 minutos por lado, o hasta que esté bien cocida y bien carbonizada.

g) Rocíe la carne de cerdo con el resto de la marinada mientras la asa.

h) Una vez cocido, transfiera la carne de cerdo a una fuente para servir y déjela reposar durante unos minutos.

i) Sirva el cerdo picante jamaicano como plato principal tropical picante y sabroso.

j) ¡Disfruta de los sabores ahumados y aromáticos del condimento Jerk!

42. Tofu con mango y curry

INGREDIENTES:
- 1 bloque (14 oz) de tofu firme, escurrido y cortado en cubos
- 1 cucharada de aceite vegetal
- 1 cebolla, rebanada
- 2 dientes de ajo, picados
- 1 cucharada de curry en polvo
- 1 cucharadita de comino molido
- ½ cucharadita de cúrcuma molida
- ½ cucharadita de cilantro molido
- ¼ cucharadita de pimienta de cayena (ajustar al gusto)
- 1 lata (14 oz) de leche de coco
- 1 mango maduro, pelado, sin hueso y cortado en cubitos
- 1 cucharada de jugo de lima
- Sal al gusto
- Cilantro fresco picado para decorar
- Arroz cocido o pan naan para servir

INSTRUCCIONES:

a) Calienta el aceite vegetal en una sartén grande o en un wok a fuego medio.

b) Agregue la cebolla en rodajas y el ajo picado y saltee durante 2-3 minutos hasta que estén tiernos y fragantes.

c) Agregue curry en polvo, comino molido, cúrcuma molida, cilantro molido y pimienta de cayena. Revuelva bien para cubrir las cebollas y el ajo con las especias.

d) Agrega el tofu en cubos a la sartén y cocina durante 3-4 minutos hasta que se dore ligeramente.

e) Vierta la leche de coco y cocine a fuego lento.

f) Agrega el mango cortado en cubitos y el jugo de lima a la sartén y sazona con sal al gusto.

g) Cocine a fuego lento durante 5 a 6 minutos hasta que el tofu esté completamente caliente y los sabores se hayan fusionado.

h) Adorne con cilantro fresco picado.

i) Sirva el tofu con mango y curry sobre arroz cocido o con pan naan para obtener un plato principal tropical satisfactorio.

j) ¡Disfruta del cremoso y aromático curry de mango con tofu tierno y especias aromáticas!

43. Ensalada caribeña de frijoles negros y quinua con mango

INGREDIENTES:
- 1 taza de quinua cocida, fría
- 1 lata (15 oz) de frijoles negros, enjuagados y escurridos
- 1 mango maduro, pelado, sin hueso y cortado en cubitos
- 1 pimiento rojo, cortado en cubitos
- ¼ de taza de cebolla morada picada
- ¼ de taza de cilantro fresco picado
- Zumo de 1 lima
- 2 cucharadas de aceite de oliva
- 1 cucharadita de comino molido
- Sal y pimienta para probar

INSTRUCCIONES:

a) En un tazón grande, combine la quinua cocida, los frijoles negros, el mango cortado en cubitos, el pimiento rojo cortado en cubitos, la cebolla morada picada y el cilantro fresco picado.

b) En un tazón pequeño, mezcle el jugo de limón, el aceite de oliva, el comino molido, la sal y la pimienta.

c) Vierta el aderezo sobre la mezcla de quinua y revuelva para combinar bien.

d) Ajuste el condimento si es necesario.

e) Cubra el tazón y refrigere durante al menos 30 minutos para permitir que los sabores se mezclen.

f) Antes de servir, revuelva suavemente la ensalada para asegurarse de que todos los ingredientes estén bien combinados.

g) Sirva la ensalada caribeña de frijoles negros y quinua con mango como plato principal tropical refrescante y nutritivo.

h) ¡Disfruta de la combinación de frijoles negros ricos en proteínas, mango jugoso y cilantro fragante en cada bocado!

44. Pollo Teriyaki Hawaiano

INGREDIENTES:
- 4 muslos de pollo deshuesados y sin piel
- ¼ taza de salsa de soja
- ¼ taza de jugo de piña
- 2 cucharadas de miel
- 2 cucharadas de vinagre de arroz
- 1 cucharada de aceite de sésamo
- 2 dientes de ajo, picados
- 1 cucharadita de jengibre rallado
- Rodajas de piña para decorar
- Cebollas verdes picadas para decorar

INSTRUCCIONES:

a) En un bol, mezcle la salsa de soja, el jugo de piña, la miel, el vinagre de arroz, el aceite de sésamo, el ajo picado y el jengibre rallado.

b) Coloque los muslos de pollo en un plato llano y vierta la marinada sobre ellos. Asegúrate de que el pollo esté cubierto uniformemente.

c) Cubra el plato y refrigere durante al menos 1 hora, o toda la noche para obtener un sabor más intenso.

d) Precalienta una parrilla o sartén a fuego medio-alto.

e) Retire los muslos de pollo de la marinada, sacudiendo el exceso.

f) Ase el pollo durante unos 5 a 6 minutos por lado, o hasta que esté bien cocido y bien carbonizado.

g) Rocíe el pollo con el resto de la marinada mientras lo asa.

h) Una vez cocido, transfiera el pollo a un plato para servir y déjelo reposar durante unos minutos.

i) Adorne con rodajas de piña y cebollas verdes picadas.

j) Sirva el pollo teriyaki hawaiano como plato principal de inspiración tropical.

k) ¡Disfruta del pollo tierno y sabroso con el glaseado teriyaki dulce y picante!

45. Curry De Camarones, Lima Y Coco

INGREDIENTES:
- 1 libra de camarones, pelados y desvenados
- 1 lata (13,5 oz) de leche de coco
- Jugo y ralladura de 2 limas
- 2 cucharadas de pasta de curry verde tailandés
- 1 cucharada de salsa de pescado
- 1 cucharada de azúcar moreno
- 1 pimiento rojo, rebanado
- 1 calabacín, en rodajas
- 1 taza de guisantes
- 1 cucharada de aceite vegetal
- Cilantro fresco para decorar
- Arroz cocido para servir

INSTRUCCIONES:

a) Calienta el aceite vegetal en una sartén grande o en un wok a fuego medio.

b) Agregue la pasta de curry verde tailandés a la sartén y cocine durante 1 minuto hasta que esté fragante.

c) Vierta la leche de coco y revuelva bien para combinar con la pasta de curry.

d) Agregue la salsa de pescado, el azúcar moreno, el jugo de lima y la ralladura de lima. Revuelva hasta que se disuelva.

e) Agregue el pimiento rojo en rodajas, el calabacín y los guisantes a la sartén. Revuelva para cubrir las verduras con la salsa de curry.

f) Cocine a fuego lento durante 5-6 minutos hasta que las verduras estén tiernas.

g) Agregue los camarones a la sartén y cocine por otros 3-4 minutos hasta que estén rosados y bien cocidos.

h) Retirar del fuego y decorar con cilantro fresco.

i) Sirva el curry de camarones con coco y lima sobre arroz cocido para obtener una comida tropical sabrosa y aromática.

j) ¡Disfruta de la cremosa salsa de curry de coco con suculentos camarones y verduras crujientes!

46. Cabra al curry jamaicano

INGREDIENTES:
- 2 libras de carne de cabra, cortada en cubos
- 2 cucharadas de curry jamaicano en polvo
- 1 cebolla, picada
- 3 dientes de ajo, picados
- 1 pimiento escocés, sin semillas y picado
- 1 cucharada de aceite vegetal
- 2 tazas de leche de coco
- 2 tazas de agua
- 2 ramitas de tomillo fresco
- Sal y pimienta para probar
- Arroz cocido o roti para servir

INSTRUCCIONES:

a) En un bol, sazone la carne de cabra con curry jamaicano en polvo, sal y pimienta. Mezcle para cubrir la carne de manera uniforme.

b) Caliente el aceite vegetal en una olla grande o en una olla a fuego medio.

c) Agrega la carne de cabra sazonada a la olla y dórala por todos lados. Retire la carne de la olla y déjela a un lado.

d) En la misma olla, agregue la cebolla picada, el ajo picado y el pimiento escocés picado (si se usa). Saltee durante 2-3 minutos hasta que las cebollas estén traslúcidas y fragantes.

e) Regrese la carne de cabra dorada a la olla y revuelva para combinar con la cebolla y el ajo.

f) Vierta la leche de coco y el agua. Revuelve bien para incorporar los líquidos.

g) Agregue ramitas de tomillo fresco a la olla y hierva la mezcla.

h) Reduzca el fuego a bajo, tape la olla y déjelo cocinar a fuego lento durante aproximadamente 2 a 3 horas, o hasta que la carne de cabra esté tierna y sabrosa. Revuelva de vez en cuando para evitar que se pegue.

i) Ajusta el condimento con sal y pimienta al gusto.

j) Sirva la cabra al curry jamaicano sobre arroz cocido o con roti para obtener un plato principal tropical auténtico y abundante.

k) ¡Disfruta de los ricos y aromáticos sabores de la carne de cabra con curry!

47. Tacos de pescado al estilo caribeño

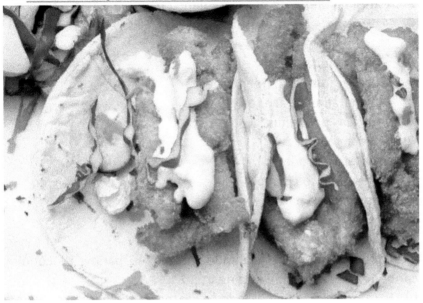

INGREDIENTES:
- 1 libra de filetes de pescado blanco (como bacalao o tilapia)
- ¼ de taza de harina para todo uso
- 1 cucharada de condimento caribeño
- ½ cucharadita de sal
- ¼ cucharadita de pimienta negra
- 2 cucharadas de aceite vegetal
- 8 tortillas pequeñas
- lechuga rallada
- aguacate en rodajas
- cilantro fresco picado
- Gajos de lima para servir

INSTRUCCIONES:

a) En un plato poco profundo, mezcle la harina, el condimento caribeño, la sal y la pimienta negra.

b) Pasar los filetes de pescado por la mezcla de harina, sacudiendo el exceso.

c) Calienta el aceite vegetal en una sartén grande a fuego medio.

d) Agregue los filetes de pescado rebozados a la sartén y cocine durante unos 3-4 minutos por lado, o hasta que el pescado esté bien cocido y dorado.

e) Retira el pescado de la sartén y déjalo reposar unos minutos.

f) Calienta las tortillas en una sartén seca o en el microondas.

g) Desmenuza el pescado cocido y divídelo entre las tortillas.

h) Cubra el pescado con lechuga rallada, aguacate en rodajas y cilantro fresco picado.

i) Exprime jugo de limón fresco sobre los aderezos.

j) Sirva los tacos de pescado al estilo caribeño como plato principal tropical y sabroso.

k) ¡Disfruta del pescado crujiente y sazonado con aderezos frescos y vibrantes!

48. Salmón Glaseado Con Mango

INGREDIENTES:
- 4 filetes de salmón
- 1 mango maduro, pelado, sin hueso y hecho puré
- 2 cucharadas de salsa de soja
- 2 cucharadas de miel
- 2 cucharadas de jugo de lima
- 2 dientes de ajo, picados
- 1 cucharadita de jengibre rallado
- Sal y pimienta para probar
- Cilantro fresco picado para decorar

INSTRUCCIONES:

a) Precalienta el horno a 375°F (190°C).

b) En un bol, mezcle el puré de mango, la salsa de soja, la miel, el jugo de lima, el ajo picado, el jengibre rallado, la sal y la pimienta.

c) Coloca los filetes de salmón en una fuente para horno y vierte el glaseado de mango sobre ellos. Asegúrate de que el salmón esté cubierto uniformemente.

d) Hornee en el horno precalentado durante unos 12-15 minutos, o hasta que el salmón esté bien cocido y se desmenuce fácilmente con un tenedor.

e) Rocíe el salmón con el glaseado una o dos veces mientras se hornea.

f) Una vez cocido, retira el salmón del horno y déjalo reposar unos minutos.

g) Adorne con cilantro fresco picado.

h) Sirve el salmón glaseado con mango como plato principal tropical y sabroso.

i) ¡Disfruta del suculento y dulce salmón con el glaseado de mango picante y afrutado!

49. Curry de verduras caribeño

INGREDIENTES:
- 1 cucharada de aceite vegetal
- 1 cebolla, picada
- 2 dientes de ajo, picados
- 1 pimiento rojo, cortado en cubitos
- 1 pimiento amarillo, cortado en cubitos
- 1 calabacín, cortado en cubitos
- 1 camote, pelado y cortado en cubitos
- 1 taza de floretes de coliflor
- 1 lata (14 oz) de leche de coco
- 2 cucharadas de curry caribeño en polvo
- 1 cucharadita de comino molido
- 1 cucharadita de cilantro molido
- ¼ cucharadita de pimienta de cayena (ajustar al gusto)
- Sal y pimienta para probar
- Cilantro fresco picado para decorar
- Arroz cocido o roti para servir

INSTRUCCIONES:

a) Calienta el aceite vegetal en una sartén u olla grande a fuego medio.

b) Agregue la cebolla picada y el ajo picado y saltee durante 2-3 minutos hasta que estén tiernos y fragantes.

c) Agregue a la sartén los pimientos morrones rojos y amarillos cortados en cubitos, el calabacín cortado en cubitos, la batata cortada en cubitos y los floretes de coliflor. Revuelva para cubrir las verduras con el aceite.

d) Cocine durante 5-6 minutos hasta que las verduras empiecen a ablandarse.

e) En un tazón pequeño, mezcle el curry caribeño en polvo, el comino molido, el cilantro molido, la pimienta de cayena, la sal y la pimienta.

f) Espolvorea la mezcla de especias sobre las verduras en la sartén y revuelve bien para cubrirlas.

g) Vierta la leche de coco y revuelva para combinar con las especias y las verduras.

h) Lleva la mezcla a fuego lento y tapa la sartén. Déjelo cocinar durante unos 15 a 20 minutos, o hasta que las verduras estén tiernas y los sabores se hayan fusionado.

i) Ajuste el condimento si es necesario.

j) Adorne con cilantro fresco picado.

k) Sirva el curry de verduras caribeño sobre arroz cocido o con roti para obtener un plato principal tropical abundante y sabroso.

l) ¡Disfruta de los sabores vibrantes y aromáticos de las verduras con curry!

50.Pollo Jerk Con Salsa De Mango

INGREDIENTES:
- 4 pechugas de pollo deshuesadas y sin piel
- 2 cucharadas de condimento jamaiquino
- 2 cucharadas de aceite vegetal
- Sal y pimienta para probar

SALSA DE MANGO:
- 1 mango maduro, pelado, sin hueso y cortado en cubitos
- ½ cebolla morada, finamente picada
- ½ pimiento rojo, finamente picado
- ½ chile jalapeño, sin semillas ni nervaduras, finamente picado
- Zumo de 1 lima
- 2 cucharadas de cilantro fresco picado
- Sal al gusto

INSTRUCCIONES:

a) Precalienta la parrilla o sartén a fuego medio-alto.

b) Frote las pechugas de pollo con condimento jamaicano, aceite vegetal, sal y pimienta.

c) Ase el pollo durante unos 6 a 8 minutos por lado, o hasta que esté bien cocido y bien carbonizado. La temperatura interna debe alcanzar los 165°F (74°C).

d) Retira el pollo de la parrilla y déjalo reposar unos minutos.

e) Mientras tanto, prepare la salsa de mango combinando en un tazón mango cortado en cubitos, cebolla morada finamente picada, pimiento rojo finamente picado, chile jalapeño finamente picado, jugo de limón, cilantro fresco picado y sal. Mezclar bien para combinar.

f) Corta el pollo asado en rodajas y sírvelo con una cucharada generosa de salsa de mango encima.

g) Sirve el pollo Jerk con salsa de mango como plato principal tropical y picante.

h) ¡Disfruta del audaz y sabroso condimento Jerk combinado con la refrescante y afrutada salsa de mango!

51. Costillas de cerdo a la barbacoa hawaiana

INGREDIENTES:
- 2 costillas de cerdo
- 1 taza de jugo de piña
- ½ taza de salsa de tomate
- ¼ taza de salsa de soja
- ¼ taza de azúcar moreno
- 2 cucharadas de vinagre de arroz
- 2 dientes de ajo, picados
- 1 cucharadita de jengibre rallado
- Sal y pimienta para probar

INSTRUCCIONES:

a) Precalienta el horno a 325°F (163°C).

b) En un tazón, mezcle el jugo de piña, el ketchup, la salsa de soja, el azúcar moreno, el vinagre de arroz, el ajo picado, el jengibre rallado, la sal y la pimienta.

c) Coloque las costillas de cerdo en una fuente para hornear grande o en una fuente para asar.

d) Vierta la marinada sobre las costillas, asegurándose de que queden cubiertas por todos lados. Reserve un poco de marinada para rociar.

e) Cubre el plato con papel de aluminio y colócalo en el horno precalentado.

f) Hornea las costillas durante aproximadamente 2 horas, o hasta que estén tiernas y la carne comience a desprenderse de los huesos.

g) Retire el papel de aluminio y rocíe las costillas con la marinada reservada.

h) Aumente la temperatura del horno a 400 °F (200 °C) y regrese las costillas al horno sin tapar.

i) Hornee por 15 a 20 minutos más, o hasta que las costillas estén bien caramelizadas y la salsa se haya espesado.

j) Retirar del horno y dejar reposar las costillas unos minutos antes de servir.

k) Sirva las costillas de cerdo BBQ hawaianas como plato principal tropical y suculento.

l) ¡Disfruta de las tiernas y sabrosas costillas con el dulce y picante glaseado BBQ!

52. Filete caribeño a la parrilla con salsa de piña

INGREDIENTES:
- 2 libras de filete de falda
- 2 cucharadas de condimento caribeño
- 2 cucharadas de aceite vegetal
- Sal y pimienta para probar

SALSA DE PIÑA:
- 1 taza de piña picada
- ½ cebolla morada, finamente picada
- ½ pimiento rojo, finamente picado
- ½ chile jalapeño, sin semillas ni nervaduras, finamente picado
- Zumo de 1 lima
- 2 cucharadas de cilantro fresco picado
- Sal al gusto

INSTRUCCIONES:

a) Precalienta la parrilla o sartén a fuego medio-alto.

b) Frote la carne de falda con condimento caribeño, aceite vegetal, sal y pimienta.

c) Ase el bistec durante aproximadamente 4 a 6 minutos por lado, o hasta que alcance el nivel deseado de cocción. Déjalo reposar unos minutos antes de cortarlo.

d) Mientras tanto, prepare la salsa de piña combinando en un tazón la piña picada, la cebolla morada finamente picada, el pimiento rojo finamente picado, el chile jalapeño finamente picado, el jugo de limón, el cilantro fresco picado y la sal. Mezclar bien para combinar.

e) Corta el filete asado a contrapelo y sírvelo con una cucharada generosa de salsa de piña encima.

f) Sirva el bistec caribeño a la parrilla con salsa de piña como plato principal tropical y sabroso.

POSTRES TROPICALES

53. Pavlova de frutas tropicales

INGREDIENTES:
- 4 claras de huevo grandes a temperatura ambiente
- 1 pizca de sal
- 225 gramos de azúcar en polvo
- 2 cucharaditas de harina de maíz
- 1 pizca de crémor tártaro
- 1 cucharadita de vinagre de vino blanco
- 4 gotas de extracto de vainilla
- 2 maracuyá
- Frutas tropicales maduras como el mango; kiwi, carambola y uchuva
- 150 mililitros de nata doble
- 200 mililitros de crema fresca

INSTRUCCIONES :

a) Precalienta el horno a 150c/300f/Gas 2.

b) Forre una bandeja para hornear con papel para hornear antiadherente y dibuje un círculo de 22 cm/9". Para el merengue: bata las claras y la sal en un tazón grande y limpio hasta que se formen picos rígidos.

c) Agregue el azúcar un tercio a la vez, batiendo bien entre cada adición hasta que esté firme y muy brillante. Espolvoree sobre la harina de maíz, el crémor tártaro, el vinagre y el extracto de vainilla e incorpore suavemente.

d) Apila el merengue sobre el papel dentro del círculo, asegurándote de que quede un hueco sustancial en el centro.

e) Colóquelo en el horno y reduzca inmediatamente el fuego a 120c/250f/Gas ¼ y cocine durante 1½-2 horas hasta que esté dorado pálido pero un poco suave en el centro. Apagar el horno, dejar la puerta entreabierta y dejar enfriar por completo.

f) Para el relleno: Cortar la maracuyá por la mitad y sacarle la pulpa. Pela y corta tu selección de frutas según sea necesario.

g) Coloque la crema en un tazón y bata hasta que espese, y luego agregue la crema fresca. Quita el papel de la pavlova y colócala en un plato.

h) Apilar sobre la mezcla de crema y disponer la fruta encima, terminando con la pulpa de maracuyá. Servir de inmediato.

54.Sorbete de Margarita Tropical

INGREDIENTES:
- 1 taza de azúcar
- 1 taza de puré de maracuyá
- 1½ libras de mangos maduros, pelados, sin hueso y en cubos
- Ralladura de 2 limas
- 2 cucharadas de tequila blanco
- 1 cucharada de licor de naranja
- 1 cucharada de jarabe de maíz ligero
- ½ cucharadita de sal kosher

INSTRUCCIONES:

a) En una cacerola pequeña, combine el azúcar y el puré de maracuyá.

b) Llevar a fuego lento a fuego medio, revolviendo para disolver el

c) azúcar. Retirar del fuego y dejar enfriar.

d) En una licuadora, combine la mezcla de maracuyá, mango en cubos, ralladura de lima, tequila, licor de naranja, jarabe de maíz y sal. Haga puré hasta que quede suave.

e) Vierta la mezcla en un bol, cubra y refrigere hasta que esté fría, al menos 4 horas o hasta toda la noche.

f) Congele y bata en una máquina para hacer helados según las instrucciones del fabricante.

g) Para obtener una consistencia suave (la mejor, en mi opinión), sirve el sorbete de inmediato; para obtener una consistencia más firme, transfiéralo a un recipiente, tápelo y déjelo endurecer en el congelador durante 2 a 3 horas.

55. Helado tropical de coco y piña

INGREDIENTES:
- 1 huevo
- 50 gramos Azúcar
- 250 ml de leche de coco
- 200 ml de nata espesa
- ½ piña entera Piña fresca
- 1 ron

INSTRUCCIONES:

a) Usa tu tazón más grande, ya que mezclarás todos los ingredientes en el mismo tazón que usarás para batir la crema.

b) Separar la yema y la clara. Hacer un merengue firme con la clara y la mitad del azúcar. Combina la otra mitad del azúcar con la yema de huevo y mezcla hasta obtener una clara.

c) Batir la crema espesa hasta que se formen picos ligeramente suaves. Agrega la leche de coco y mezcla ligeramente.

d) Pica la piña finamente o tritúrala con una licuadora hasta obtener una pasta ligeramente gruesa.

e) La preparación está completa en este punto. No es necesario ser demasiado preciso. Mezcla todo en el bol de crema espesa y leche de coco. Añade también el merengue y mezcla bien.

f) Vierte en un tupperware y congela para terminar. No es necesario que lo revuelvas a mitad de camino.

g) Si picas la piña hasta obtener una pasta suave, el resultado será más sedoso y parecido a un auténtico helado.

h) Una vez que coloques el helado en los platos para servir, intenta verterle un chorrito de ron. Tiene un sabor increíble, como un cóctel de piña colada.

56. Bagatela tropical

INGREDIENTES:
- Tres latas de 12 onzas de leche evaporada
- 4 tazas de leche entera
- 1 taza Más 2 cucharadas de azúcar
- 6 yemas de huevo ligeramente batidas
- 2 cucharadas de jerez dulce o vino de postre
- 1 cucharadita de vainilla
- 1 taza de fresas en rodajas
- 12 rebanadas de bizcocho del día anterior o 24
- Ladyfinger o 36 macarrones
- 3 mangos, pelados y rebanados
- 5 kiwis, pelados y rebanados
- 1 taza de uvas rojas sin semillas, partidas por la mitad

INSTRUCCIONES:

a) Calienta la leche en una cacerola a fuego lento.

b) Agregue 1 taza de azúcar y las yemas, batiendo lentamente para que los huevos no se formen grumos.

c) Continúe cocinando, revolviendo constantemente, hasta que la mezcla se vuelva muy espesa.

d) No dejes que hierva o se cuajará. Agrega jerez y vainilla.

e) Retirar del fuego y enfriar. Combine las bayas con 2 cucharadas de azúcar y reserve.

f) Forre un plato pequeño con rebanadas de pastel.

g) Vierta la mitad de las natillas enfriadas sobre el pastel, luego agregue la mitad de la fruta, incluidas las bayas.

h) Agregue otra capa de pastel y cubra con la crema restante y luego con la fruta.

i) Refrigera hasta el momento de servir. Si lo desea, espolvoree más jerez sobre la bagatela antes de servir.

57.Helado tropical enrollado

INGREDIENTES:
- Helado de vainilla enrollado
- 1½ tazas de trozos de mango congelados descongelados
- colorante alimentario amarillo

ADICIÓN
- Crema batida de coco, descongelada
- Mango fresco, picado
- Chips de coco tostados

INSTRUCCIONES:

a) Prepare helado de vainilla enrollado como se indica, excepto que combine los ingredientes en una licuadora con 1 ½ taza de trozos de mango congelados descongelados y tiñe con colorante alimentario amarillo.

b) Cubra y mezcle hasta que quede suave.

c) Cubra los panecillos congelados con crema batida de coco descongelada, mango picado y chispas de coco tostadas.

58. Mousse de frutas tropicales

INGREDIENTES:
- 1 taza de jugo de piña sin azúcar
- 1 taza de jugo de bayas orgánico fresco
- 1 taza de crema batida sin azúcar

INSTRUCCIONES:
a) Calienta a fuego alto.
b) Reduzca el fuego a medio y cocine a fuego lento, revolviendo constantemente, durante 5 minutos hasta que la mezcla espese.
c) Retirar del fuego y enfriar por completo.
d) Incorpora la crema batida a la mezcla de jugo enfriado.
e) Vierta en 6 platos para servir individuales y refrigere hasta que esté frío.

59.Sorbete de frutas tropicales

INGREDIENTES:
- 2 tazas de frutas tropicales maduras peladas y picadas
- 1 taza de almíbar de azúcar
- 2 limas
- 1 taza de leche entera o suero de leche

INSTRUCCIONES:

a) Haga puré o licue la fruta tropical, luego presiónela a través de un colador de malla fina si desea una textura suave.

b) Incorpora el almíbar de azúcar, la ralladura fina de 1 lima y el jugo de ambas y la leche.

c) Vierta en un recipiente para congelar y congele, usando el método de mezcla manual , rompiendo dos o tres veces durante la congelación.

d) Congele hasta que esté firme, luego córtelo en cáscaras pequeñas de piña partidas por la mitad o en platos para servir y espolvoree con nuez moscada recién rallada.

e) Sirva con pequeñas frutas tropicales como lichi, uvas o trozos tostados de coco fresco.

f) Este helado se puede congelar hasta por 1 mes.

g) Retirar del congelador 10 minutos antes de servir para que se ablanden.

60. Paletas de mango, coco y chía

INGREDIENTES:
- 2 mangos maduros, pelados y sin hueso
- 1 taza de leche de coco
- 2 cucharadas de miel o jarabe de arce
- 2 cucharadas de semillas de chía

INSTRUCCIONES:

a) En una licuadora, combine los mangos maduros, la leche de coco y la miel o el jarabe de arce.

b) Mezcle hasta que esté suave y cremosa.

c) Agrega las semillas de chía y deja reposar la mezcla durante 5 minutos para permitir que las semillas de chía se espesen.

d) Vierte la mezcla de mango, coco y chía en moldes para paletas.

e) Inserte palitos de helado y congélelos durante al menos 4 horas o hasta que estén completamente congelados.

f) Una vez congeladas, retira las paletas de los moldes y ¡disfruta de las paletas tropicales de mango, coco y chía en un día caluroso!

61. Panna cotta de mango y coco

INGREDIENTES:
- 1 taza de puré de mango
- 1 taza de leche de coco
- ¼ de taza) de azúcar
- 1 cucharadita de extracto de vainilla
- 2 cucharaditas de gelatina en polvo
- 2 cucharadas de agua

INSTRUCCIONES:

a) En un tazón pequeño, espolvorea la gelatina sobre el agua y déjala florecer durante 5 minutos.

b) En una cacerola, calienta el puré de mango, la leche de coco, el azúcar y el extracto de vainilla a fuego medio hasta que comience a hervir a fuego lento.

c) Retire del fuego y agregue la gelatina florecida hasta que esté completamente disuelta.

d) Vierta la mezcla en vasos o moldes para servir individuales.

e) Refrigere por al menos 4 horas o hasta que cuaje.

f) Sirva frío y decore con rodajas de mango fresco o coco rallado.

62. Cupcakes De Piña Colada

INGREDIENTES:
- 1 ½ tazas de harina para todo uso
- 1 ½ cucharaditas de polvo para hornear
- ¼ cucharadita de sal
- ½ taza de mantequilla sin sal, ablandada
- 1 taza de azúcar granulada
- 2 huevos grandes
- 1 cucharadita de extracto de vainilla
- ½ taza de jugo de piña enlatado
- ¼ taza de leche de coco
- ¼ taza de coco rallado

INSTRUCCIONES:

a) Precalienta el horno a 350 °F (175 °C) y forra un molde para muffins con moldes para cupcakes.

b) En un bol, mezcle la harina, el polvo para hornear y la sal.

c) En un tazón grande aparte, mezcle la mantequilla y el azúcar hasta que esté suave y esponjoso.

d) Batir los huevos, uno a la vez, seguido del extracto de vainilla.

e) Agrega poco a poco los ingredientes secos a los ingredientes húmedos, alternando con jugo de piña y leche de coco.

f) Incorpora el coco rallado.

g) Divida la masa de manera uniforme entre los moldes para cupcakes.

h) Hornee durante 18-20 minutos, o hasta que al insertar un palillo en el centro, éste salga limpio.

i) Retirar del horno y dejar enfriar los cupcakes por completo.

j) Cubra con glaseado de crema de mantequilla de coco y decore con trozos de piña y coco rallado.

63.mousse de la fruta de la pasión

INGREDIENTES:
- 1 taza de pulpa de maracuyá (colada para quitar las semillas)
- 1 taza de crema espesa
- ½ taza de leche condensada azucarada
- ½ cucharadita de extracto de vainilla
- Semillas frescas de maracuyá para decorar (opcional)

INSTRUCCIONES:

a) En un tazón, bata la crema espesa hasta que se formen picos suaves.

b) En un recipiente aparte, combine la pulpa de maracuyá, la leche condensada azucarada y el extracto de vainilla. Mezclar bien.

c) Incorpora suavemente la crema batida a la mezcla de maracuyá hasta que esté bien incorporada.

d) Vierta la mezcla en vasos o moldes para servir.

e) Refrigere por al menos 2 horas o hasta que cuaje.

f) Antes de servir, decore con semillas frescas de maracuyá si lo desea.

g) Disfruta de los sabores ligeros y tropicales de la mousse de maracuyá.

64. Mango arroz pegajoso

INGREDIENTES:
- 1 taza de arroz glutinoso (arroz pegajoso)
- 1 taza de leche de coco
- ½ taza de azúcar granulada
- ¼ cucharadita de sal
- 2 mangos maduros, rebanados
- Semillas de sésamo tostadas para decorar (opcional)

INSTRUCCIONES:

a) Enjuague el arroz glutinoso con agua fría hasta que el agua salga clara.

b) En una cacerola, combine el arroz enjuagado, la leche de coco, el azúcar y la sal.

c) Cocine la mezcla a fuego medio-bajo, revolviendo frecuentemente, hasta que el arroz absorba el líquido y se vuelva pegajoso y tierno (aproximadamente 20-25 minutos).

d) Retirar del fuego y dejar enfriar un poco.

e) Sirva el arroz pegajoso con mango colocando un montón de arroz pegajoso en un plato o tazón y colocando mangos en rodajas encima.

f) Espolvorea con semillas de sésamo tostadas para darle un sabor extra crujiente y a nuez.

65. Tarta de queso con guayaba

INGREDIENTES:
PARA LA CORTEZA:
- 1 ½ tazas de migas de galleta Graham
- 1/4 taza de mantequilla derretida
- 2 cucharadas de azúcar granulada

PARA EL LLENADO:
- 24 onzas (680 g) de queso crema, ablandado
- 1 taza de azúcar granulada
- 3 huevos grandes
- 1 cucharadita de extracto de vainilla
- 1 taza de pasta de guayaba, derretida y enfriada

PARA LA ADORNO DE GUAYABA:
- 1 taza de puré de guayaba o jugo de guayaba
- 1/4 taza de azúcar granulada
- 1 cucharada de maicena
- 1 cucharada de agua

INSTRUCCIONES:

a) Precalienta tu horno a 325°F (163°C). Engrase un molde desmontable de 23 cm (9 pulgadas) y reserve.

b) En un tazón mediano, combine las migas de galletas Graham, la mantequilla derretida y el azúcar granulada para la base. Mezcle bien hasta que la mezcla parezca arena húmeda.

c) Presione la mezcla de migas uniformemente sobre el fondo del molde desmontable preparado. Utilice el dorso de una cuchara o un vaso de fondo plano para presionarlo firmemente.

d) En un tazón grande, bata el queso crema y el azúcar granulada hasta que quede suave y cremoso. Agrega los huevos, uno a la vez, batiendo bien después de cada adición. Agregue el extracto de vainilla.

e) Vierta la pasta de guayaba derretida y enfriada en la mezcla de queso crema y bata hasta que esté bien combinada. Asegúrate de que no queden grumos.

f) Vierta el relleno de tarta de queso sobre la base en el molde desmontable. Alise la parte superior con una espátula.

g) Coloque el molde desmontable en una bandeja para hornear para detectar posibles fugas durante el horneado. Hornee en el horno precalentado durante unos 55 a 60 minutos, o hasta que los bordes estén firmes y el centro se mueva ligeramente.

h) Saca la tarta de queso del horno y déjala enfriar a temperatura ambiente. Luego, refrigérelo durante al menos 4 horas o toda la noche para que cuaje por completo.

i) Mientras la tarta de queso se enfría, prepara la cobertura de guayaba. En una cacerola, combine el puré o jugo de guayaba, el azúcar granulada, la maicena y el agua. Revuelve bien para disolver la maicena.

j) Coloque la cacerola a fuego medio y cocine, revolviendo constantemente, hasta que la mezcla espese y hierva suavemente. Retirar del fuego y dejar enfriar.

k) Una vez que la tarta de queso esté completamente fría y cocida, retírela del molde desmontable. Vierte la cobertura de guayaba sobre el cheesecake, distribuyéndola uniformemente.

l) Regrese el pastel de queso al refrigerador durante aproximadamente 1 hora para permitir que se asiente la cobertura de guayaba.

66. Pastel de piña al revés

INGREDIENTES:
PARA LA ADORNO:
- ¼ taza de mantequilla sin sal
- ⅔ taza de azúcar morena envasada
- 1 lata (20 oz) de rodajas de piña, escurridas
- Cerezas al marrasquino para decorar

PARA EL PASTEL:
- 1 ½ tazas de harina para todo uso
- 2 cucharaditas de polvo de hornear
- ½ cucharadita de sal
- ½ taza de mantequilla sin sal, ablandada
- 1 taza de azúcar granulada
- 2 huevos grandes
- 1 cucharadita de extracto de vainilla
- ½ taza de jugo de piña

INSTRUCCIONES:

a) Precalienta el horno a 350°F (175°C) y engrasa un molde para pastel redondo de 9 pulgadas.

b) En una cacerola, derrita la mantequilla para la cobertura a fuego medio.

c) Agregue el azúcar moreno hasta que se disuelva y burbujee.

d) Vierta la mezcla en el molde para pasteles engrasado, distribuyéndola uniformemente.

e) Coloca las rodajas de piña encima de la mezcla de azúcar moreno. Coloque una cereza marrasquino en el centro de cada rodaja de piña.

f) En un bol, mezcle la harina, el polvo para hornear y la sal para el pastel.

g) En un tazón grande aparte, mezcle la mantequilla y el azúcar hasta que esté suave y esponjoso.

h) Batir los huevos, uno a la vez, seguido del extracto de vainilla.

i) Agrega poco a poco los ingredientes secos a los ingredientes húmedos, alternando con el jugo de piña.

j) Vierta la masa sobre las rodajas de piña en el molde para pasteles.

k) Hornee durante 40-45 minutos, o hasta que al insertar un palillo en el centro, éste salga limpio.

l) Retirar del horno y dejar enfriar el bizcocho en el molde durante 10 minutos.

m) Invierta el pastel en un plato para servir, retirando con cuidado el molde.

n) Sirva el pastel de piña al revés tibio o a temperatura ambiente, mostrando la cobertura de piña caramelizada.

67. macarrones de coco

INGREDIENTES:
- 2 ⅔ tazas de coco rallado
- ⅔ taza de leche condensada azucarada
- 1 cucharadita de extracto de vainilla

INSTRUCCIONES:

a) Precalienta el horno a 325 °F (163 °C) y cubre una bandeja para hornear con papel pergamino.

b) En un tazón, combine el coco rallado, la leche condensada y el extracto de vainilla. Mezclar bien hasta que esté completamente combinado.

c) Con una cucharada o una cuchara para galletas, deje caer montones redondeados de la mezcla de coco en la bandeja para hornear preparada, espaciándolos aproximadamente a 2 pulgadas de distancia.

d) Hornee durante 15-18 minutos o hasta que los bordes estén dorados.

e) Retirar del horno y dejar enfriar los macarrones en la bandeja para hornear durante unos minutos.

f) Transfiera los macarrones a una rejilla para que se enfríen por completo.

g) Opcional: rocíe chocolate derretido sobre los macarrones enfriados para darle más dulzura y sabor.

h) Sirva los macarrones de coco como un postre tropical delicioso y masticable.

68. Helado de piña y coco

INGREDIENTES:
- 2 tazas de leche de coco enlatada
- 1 taza de piña triturada, escurrida
- ½ taza de azúcar granulada
- 1 cucharadita de extracto de vainilla

INSTRUCCIONES:

a) En una licuadora o procesador de alimentos, combine la leche de coco, la piña triturada, el azúcar y el extracto de vainilla. Licue hasta que quede suave y bien combinado.

b) Vierte la mezcla en una heladera y bate según las instrucciones del fabricante.

c) Una vez que el helado alcance una consistencia suave, transfiéralo a un recipiente con tapa.

d) Congela el helado por unas horas o hasta que esté firme.

e) Sirve el helado de piña y coco en tazones o conos y disfruta de los sabores tropicales.

69. Pudin de arroz con coco

INGREDIENTES:
- 1 taza de arroz jazmín
- 2 tazas de agua
- 2 tazas de leche de coco
- ½ taza de azúcar granulada
- ½ cucharadita de sal
- ½ cucharadita de extracto de vainilla
- Hojuelas de coco tostadas para decorar (opcional)

INSTRUCCIONES:

a) En una cacerola, combine el arroz jazmín y el agua. Deje hervir, luego reduzca el fuego a bajo, cubra y cocine a fuego lento durante unos 15 minutos o hasta que el arroz esté cocido y se absorba el agua.

b) Agregue leche de coco, azúcar granulada, sal y extracto de vainilla al arroz cocido. Revuelva bien para combinar.

c) Cocine la mezcla a fuego medio-bajo, revolviendo ocasionalmente, durante 15-20 minutos o hasta que el arroz absorba la leche de coco y el pudín espese.

d) Retirar del fuego y dejar enfriar un poco.

e) Sirva el arroz con leche con coco tibio o frío.

f) Adorne con hojuelas de coco tostadas para darle más textura y sabor.

70. Tarta De Mango Y Coco

INGREDIENTES:
PARA LA CORTEZA:
- 1 ½ tazas de migas de galleta Graham
- ¼ taza de azúcar granulada
- ½ taza de mantequilla sin sal, derretida

PARA EL LLENADO:
- 2 tazas de trozos de mango maduro
- 1 taza de leche de coco
- ½ taza de azúcar granulada
- ¼ taza de maicena
- ¼ cucharadita de sal
- ½ taza de coco rallado
- Mangos rebanados para decorar (opcional)

INSTRUCCIONES:
a) Precalienta el horno a 350 °F (175 °C) y engrasa un molde para tarta de 9 pulgadas.
b) En un tazón, combine las migas de galletas Graham, el azúcar granulada y la mantequilla derretida para formar la base. Mezclar bien.
c) Presione la mezcla de la corteza en el fondo y los lados del molde para tarta, creando una capa uniforme.
d) Hornea la base durante 10 minutos, luego retírala del horno y déjala enfriar.
e) En una licuadora o procesador de alimentos, licúa los trozos de mango hasta que quede suave.
f) En una cacerola, mezcle la leche de coco, el azúcar granulada, la maicena y la sal para el relleno.
g) Cocina la mezcla a fuego medio, revolviendo constantemente, hasta que espese y hierva.
h) Retire del fuego y agregue el mango licuado y el coco rallado.
i) Vierta el relleno de mango y coco en la base horneada.
j) Alise la parte superior con una espátula.
k) Hornee por 15 a 20 minutos más, o hasta que el relleno esté listo y los bordes dorados.
l) Retirar del horno y dejar enfriar completamente en el molde.
m) Una vez enfriado, refrigere durante al menos 2 horas para que se enfríe y cuaje.
n) Antes de servir, decore con mangos en rodajas, si lo desea.
o) Corta y sirve la tarta de mango y coco como postre tropical y cremoso.

71. Sorbete De Papaya Y Lima

INGREDIENTES:
- 2 tazas de trozos de papaya madura
- ½ taza de azúcar granulada
- ¼ taza de agua
- Jugo de 2 limas
- Ralladura de lima para decorar (opcional)

INSTRUCCIONES:

a) En una licuadora o procesador de alimentos, licúa los trozos de papaya hasta que quede suave.

b) En una cacerola, combine el azúcar granulada y el agua. Calienta a fuego medio hasta que el azúcar se disuelva por completo, creando un almíbar simple.

c) Retirar del fuego y dejar enfriar el almíbar simple a temperatura ambiente.

d) En un bol, mezcle la papaya licuada y el jugo de lima.

e) Agregue el almíbar simple hasta que esté bien combinado.

f) Vierte la mezcla en una heladera y bate según las instrucciones del fabricante.

g) Transfiera el sorbete a un recipiente con tapa y congélelo durante unas horas o hasta que esté firme.

h) Sirve el sorbete de papaya y lima en tazones o conos.

i) Adorne con ralladura de lima para darle un toque extra de sabor cítrico.

72. Pudín de plátano y coco

INGREDIENTES:
- 3 plátanos grandes maduros
- 1 lata (13,5 oz) de leche de coco
- ½ taza de azúcar granulada
- ¼ taza de maicena
- ¼ cucharadita de sal
- 1 cucharadita de extracto de vainilla
- ½ taza de coco rallado para decorar (opcional)

INSTRUCCIONES:

a) En una licuadora o procesador de alimentos, licúa los plátanos maduros hasta que quede suave.

b) En una cacerola, mezcle la leche de coco, el azúcar granulada, la maicena y la sal.

c) Cocina la mezcla a fuego medio, revolviendo constantemente, hasta que espese y hierva.

d) Retire del fuego y agregue los plátanos licuados y el extracto de vainilla.

e) Vierta el pudín de coco y plátano en tazones o moldes para servir.

f) Refrigere durante al menos 2 horas o hasta que esté frío y listo.

g) Antes de servir, decore con coco rallado, si lo desea.

h) Disfruta de los sabores cremosos y tropicales del pudín de coco y plátano.

73. Crumble de piña y coco

INGREDIENTES:
PARA EL LLENADO:
- 4 tazas de trozos de piña fresca
- ¼ taza de azúcar granulada
- 2 cucharadas de maicena
- 1 cucharada de jugo de limón fresco

PARA EL ADORNO CRUMBLE:
- 1 taza de harina para todo uso
- ½ taza de azúcar granulada
- ½ taza de mantequilla sin sal, derretida
- ½ taza de coco rallado

INSTRUCCIONES:

a) Precalienta el horno a 350°F (175°C) y engrasa una fuente para hornear.

b) En un tazón, combine los trozos de piña, el azúcar granulada, la maicena y el jugo de limón para el relleno. Mezclar bien hasta que la piña esté cubierta.

c) Vierta el relleno de piña en la fuente para hornear engrasada.

d) En un recipiente aparte, combine la harina para todo uso, el azúcar granulada, la mantequilla derretida y el coco rallado para la cobertura crumble. Mezcle hasta que la mezcla parezca migajas gruesas.

e) Espolvoree la cobertura crumble uniformemente sobre el relleno de piña en la fuente para hornear.

f) Hornee durante 30-35 minutos, o hasta que la cobertura esté dorada y el relleno de piña burbujee.

g) Retirar del horno y dejar enfriar un poco.

h) Sirva el crumble de piña y coco tibio con una bola de helado de vainilla o una cucharada de crema batida para obtener un delicioso postre tropical.

BEBIDAS TROPICALES

74. Agua tropical

INGREDIENTES:
- 1 ramita fresca de menta o albahaca
- 1 mandarina, pelada
- ½ mango, pelado y cortado en cubitos
- Agua filtrada

INSTRUCCIONES:
a) Pon la menta, la mandarina y el mango en una jarra de vidrio.
b) Llénelo con agua filtrada.
c) Dejar reposar durante 2 horas en nevera.
d) Vierta en vasos para servir.

75. Paraíso tropical

INGREDIENTES:
- 1 kiwi, pelado y picado
- 1 vaina de vainilla, partida a lo largo
- ½ mango, cortado en cubitos

INSTRUCCIONES:
a) Coloque el mango, el kiwi y la vainilla en una jarra de 64 onzas.
b) Poner en agua filtrada o agua de coco.
c) Enfríe antes de servir.

76. Té helado tropical

INGREDIENTES:
- 1 taza de jugo de naranja fresco
- 1 taza de piña
- ½ taza de sirope de agave
- 12 tazas de agua hirviendo
- 12 bolsitas de té
- 3 tazas de refresco de limón

INSTRUCCIONES:
a) Coloque agua hirviendo y bolsitas de té en una tetera;
b) Déjelo reposar.
c) Colocar en el frigorífico hasta que esté frío.
d) Coloca el jugo de piña y naranja en tu licuadora.
e) Haga puré hasta que la mezcla esté uniforme y suave.
f) Coloque el puré de piña en la jarra.
g) mezcle el jarabe de agave y el refresco de limón.
h) Revuelva y sirva frío.

77. Batido verde tropical picante

INGREDIENTES:
- 2 tazas de hojas de espinaca bien apretadas
- 1 taza de trozos de piña congelados
- 1 taza de trozos de mango congelados
- 1 mandarina pequeña, pelada y sin hueso, o jugo de 1 lima
- 1 taza de agua de coco
- ¼ de cucharadita de pimienta de cayena (opcional)

INSTRUCCIONES:

a) Combine todos los ingredientes en una licuadora y mezcle a velocidad alta hasta que quede suave.

b) Disfruta del frío.

78. Batido de mandarina tropical

INGREDIENTES:
- 2 mandarinas peladas y segmentadas
- ½ taza de piña
- 1 plátano congelado

INSTRUCCIONES:
a) Mezclar con ½ a 1 taza de líquido.
b) Disfrutar

79. Batido de quinua tropical

INGREDIENTES:
- ¼ taza de quinua cocida
- ¼ de taza de leche de coco light
- ⅓ taza de trozos de mango congelados
- ⅓ taza de trozos de piña congelados
- ½ plátano congelado
- 1 cucharada de coco rallado sin azúcar
- 1 cucharada de azúcar de coco, al gusto
- ½ cucharaditas de vainilla

INSTRUCCIONES:

a) Combine todos los ingredientes en una licuadora hasta que quede suave.

b) Ajuste la consistencia al gusto agregando más leche para obtener un batido más espeso y hielo o un poco de yogur para obtener un batido más espeso.

c) ¡Disfrutar!

80.tropicales

INGREDIENTES:
- ½ taza de piña
- ½ naranja ombligo mediana pelada
- 10 almendras
- ¼ taza de leche de coco
- Una rodaja de jengibre fresco de ¼ de pulgada
- 1 cucharada de jugo de limón fresco
- ¼ de cucharadita de cúrcuma molida o una rodaja fresca de ¼ de pulgada
- 4 cubitos de hielo

INSTRUCCIONES:

a) Combine todos los ingredientes en una licuadora y haga puré hasta que quede suave.

81. Piña colada

INGREDIENTES:
- 2 onzas de ron
- 2 onzas de jugo de piña
- 2 onzas de crema de coco
- Rodaja de piña y cereza para decorar

INSTRUCCIONES:
a) Llena una coctelera con cubitos de hielo.
b) Agrega ron, jugo de piña y crema de coco a la coctelera.
c) Agitar bien.
d) Cuela la mezcla en un vaso lleno de hielo.
e) Adorne con una rodaja de piña y una cereza.
f) ¡Servir y disfrutar!

82. Daiquiri de fresa

INGREDIENTES:
- 2 onzas de ron
- 1 onza de jugo de lima
- 1 onza de almíbar simple
- 4-5 fresas frescas
- Cubos de hielo
- Fresa para decorar

INSTRUCCIONES:

a) En una licuadora, combine el ron, el jugo de lima, el almíbar, las fresas frescas y los cubitos de hielo.
b) Mezcle hasta que esté suave y cremosa.
c) Vierte la mezcla en un vaso.
d) Adorne con una fresa.
e) ¡Servir y disfrutar!

83. margarita tropical

INGREDIENTES:
- 2 onzas de tequila
- 1 onza de jugo de lima
- 1 onza de jugo de naranja
- 1 onza de jugo de piña
- ½ onza de almíbar simple
- Rodaja de lima y sal para el borde (opcional)

INSTRUCCIONES:

a) Si lo desea, bordee el vaso con sal frotando una rodaja de limón alrededor del borde y sumergiéndola en la sal.

b) Llena una coctelera con cubitos de hielo.

c) Agregue tequila, jugo de lima, jugo de naranja, jugo de piña y almíbar a la coctelera.

d) Agitar bien.

e) Cuela la mezcla en el vaso preparado lleno de hielo.

f) Adorne con una rodajita de lima.

g) ¡Servir y disfrutar!

84. Cóctel sin alcohol hawaiano azul

INGREDIENTES:
- 2 onzas de jarabe de curaçao azul
- 2 onzas de jugo de piña
- 1 onza de crema de coco
- Rodaja de piña y cereza para decorar

INSTRUCCIONES:
a) Llena una coctelera con cubitos de hielo.
b) Agrega el jarabe de curaçao azul, el jugo de piña y la crema de coco a la coctelera.
c) Agitar bien.
d) Cuela la mezcla en un vaso lleno de hielo.
e) Adorne con una rodaja de piña y una cereza.
f) ¡Sirve y disfruta de esta vibrante bebida tropical sin alcohol!

85.Cóctel sin alcohol de mojito de mango

INGREDIENTES:
- 1 mango maduro, pelado y en cubos
- 1 onza de jugo de lima
- 1 onza de almíbar simple
- 6-8 hojas de menta fresca
- Agua con gas
- Rodaja de mango y ramita de menta para decorar

INSTRUCCIONES:

a) En un vaso, machacar los cubos de mango con jugo de lima y almíbar.

b) Agrega cubitos de hielo y hojas de menta trituradas.

c) Cubra con agua con gas.

d) Revuelva suavemente.

e) Adorne con una rodaja de mango y una ramita de menta.

f) ¡Sirve y disfruta de este refrescante cóctel sin alcohol!

86. Limonada de coco

INGREDIENTES:
- 1 taza de agua de coco
- ¼ de taza de jugo de lima
- 2 cucharadas de almíbar simple
- Rodajas de lima y hojas de menta para decorar.

INSTRUCCIONES:
a) En una jarra, combine el agua de coco, el jugo de lima y el almíbar.
b) Revuelva bien para mezclar.
c) Agregue cubitos de hielo a los vasos para servir.
d) Vierte la limonada de coco sobre el hielo en cada vaso.
e) Adorne con rodajas de lima y hojas de menta.
f) Revuelva suavemente antes de servir.
g) ¡Disfruta de los sabores refrescantes y picantes de este cóctel sin alcohol de lima tropical!

87.Sangría tropical

INGREDIENTES:
- 1 botella de vino blanco
- 1 taza de jugo de piña
- ½ taza de jugo de naranja
- ¼ taza de ron
- 2 cucharadas de almíbar simple
- Frutas tropicales variadas
- Gaseosa (opcional)
- Hojas de menta para decorar

INSTRUCCIONES:

a) En una jarra grande, combine el vino blanco, el jugo de piña, el jugo de naranja, el ron y el almíbar.

b) Revuelva bien para mezclar.

c) Agrega las frutas tropicales en rodajas a la jarra.

d) Refrigere durante al menos 1 hora para permitir que los sabores se mezclen.

e) Para servir, vierte la sangría tropical en vasos llenos de hielo.

f) Si lo desea, cubra con un chorrito de agua mineral con gas para darle espuma.

g) Adorne con hojas de menta.

h) ¡Bebe y disfruta de la refrescante y afrutada sangría tropical!

88. Enfriador de sandía y lima

INGREDIENTES:
- 2 tazas de sandía fresca, en cubos
- Jugo de 2 limas
- 2 cucharadas de miel
- 1 taza de agua con gas
- Rodajas de sandía y ramitas de menta para decorar.

INSTRUCCIONES:
a) En una licuadora, licúa la sandía fresca hasta que quede suave.
b) Cuela el jugo de sandía en una jarra para quitar la pulpa.
c) Agrega jugo de lima y miel a la jarra.
d) Revuelve bien para disolver la miel.
e) Justo antes de servir, agregue agua con gas a la jarra y revuelva suavemente.
f) Vierta el refresco de lima y sandía en vasos llenos de hielo.
g) Adorne con rodajas de sandía y ramitas de menta.
h) ¡Bebe y disfruta de este refresco tropical refrescante e hidratante!

89. Té verde mango

INGREDIENTES:
- 2 tazas de té verde preparado, enfriado
- 1 taza de trozos de mango maduro
- 1 cucharada de miel (opcional)
- Cubos de hielo
- Rebanadas de mango para decorar

INSTRUCCIONES:

a) En una licuadora, licúa los trozos de mango maduro hasta que quede suave.
b) En una jarra, combine el té verde preparado y el puré de mango.
c) Revuelva bien para mezclar.
d) Si lo deseas, agrega miel para endulzar el té.
e) Llene los vasos para servir con cubitos de hielo.
f) Vierte el té verde de mango sobre el hielo en cada vaso.
g) Adorne con rodajas de mango.
h) Revuelva suavemente antes de servir.
i) ¡Disfruta de los sabores tropicales de este refrescante té verde de mango!

90. Ponche tropical

INGREDIENTES:
- 2 tazas de jugo de piña
- 1 taza de jugo de naranja
- ½ taza de jugo de arándano
- ¼ de taza de jugo de lima
- 2 tazas de cerveza de jengibre
- Rodajas de piña y rodajas de naranja para decorar.

INSTRUCCIONES:
a) En una jarra, combine el jugo de piña, el jugo de naranja, el jugo de arándano y el jugo de lima.
b) Revuelva bien para mezclar.
c) Justo antes de servir, agregue ginger ale a la jarra y revuelva suavemente.
d) Llene los vasos para servir con cubitos de hielo.
e) Vierte el ponche tropical sobre el hielo en cada vaso.
f) Adorne con rodajas de piña y rodajas de naranja.
g) Revuelva suavemente antes de servir.
h) ¡Disfruta de los sabores afrutados y tropicales de este refrescante ponche!

91. Té helado de hibisco

INGREDIENTES:
- 4 tazas de agua
- 4 bolsitas de té de hibisco
- ¼ taza de miel o azúcar (ajustar al gusto)
- Rodajas de limón y hojas de menta para decorar.

INSTRUCCIONES:
a) En una cacerola, hierva el agua.
b) Retirar del fuego y agregar las bolsitas de té de hibisco.
c) Deje reposar el té durante 10 a 15 minutos.
d) Retire las bolsitas de té y agregue la miel o el azúcar hasta que se disuelva.
e) Deje que el té se enfríe a temperatura ambiente, luego refrigérelo hasta que esté frío.
f) Llene los vasos para servir con cubitos de hielo.
g) Vierta el té helado de hibisco sobre el hielo de cada vaso.
h) Adorne con rodajas de limón y hojas de menta.
i) Revuelva suavemente antes de servir.
j) ¡Bebe y disfruta del vibrante y refrescante té de hibisco!

92. Café helado tropical

INGREDIENTES:
- 1 taza de café preparado, frío
- ½ taza de leche de coco
- ¼ taza de jugo de piña
- 1 cucharada de miel o azúcar (ajustar al gusto)
- Cubos de hielo

INSTRUCCIONES:
a) En un vaso, combine café frío, leche de coco, jugo de piña y miel o azúcar.
b) Revuelve bien para mezclar y disolver el edulcorante.
c) Llene un vaso aparte con cubitos de hielo.
d) Vierta el café helado tropical sobre el hielo.
e) Revuelva suavemente antes de servir.
f) ¡Disfruta del toque tropical de un clásico café helado!

CONDIMENTOS TROPICALES

93. Salsa De Piña Y Papaya

INGREDIENTES:
- 2 tazas de piña fresca picada
- 1 papaya madura, pelada, sin semillas y cortada en dados de 1/4 de pulgada
- 1/2 taza de cebolla morada picada
- 1/4 taza de cilantro o perejil fresco picado
- 2 cucharadas de jugo de lima fresco
- 1 cucharadita de vinagre de sidra
- 2 cucharaditas de azúcar
- 1/4 cucharadita de sal
- 1 chile rojo picante pequeño, sin semillas y picado

INSTRUCCIONES:
a) En un recipiente de vidrio, combine todos los ingredientes, mezcle bien, cubra y reserve a temperatura ambiente durante 30 minutos antes de servir o refrigere hasta que esté listo para usar.

b) Esta salsa sabe mejor si se usa el mismo día en que se hace, pero si se almacena adecuadamente se conservará hasta por 2 días.

94. Salsa de mango

INGREDIENTES:
- 2 mangos maduros, cortados en cubitos
- ½ taza de pimiento rojo picado
- ¼ de taza de cebolla morada picada
- 1 chile jalapeño, sin semillas y finamente picado
- Zumo de 1 lima
- 2 cucharadas de cilantro fresco picado
- Sal y pimienta para probar

INSTRUCCIONES:

a)   En un tazón, combine los mangos cortados en cubitos, el pimiento rojo, la cebolla morada, el chile jalapeño, el jugo de limón y el cilantro.

b)   Mezclar bien y sazonar con sal y pimienta.

c)   Sirva con totopos o como aderezo para pollo o pescado a la parrilla.

d)   ¡Disfruta de la refrescante y picante salsa de mango!

95. Chutney De Coco Y Cilantro

INGREDIENTES:
- 1 taza de hojas de cilantro fresco
- ½ taza de coco rallado
- 1 chile verde, sin semillas y picado
- 2 cucharadas de jugo de limón
- 1 cucharada de chana dal asado (garbanzos partidos)
- 1 cucharada de coco rallado (opcional)
- Sal al gusto

INSTRUCCIONES:
a) En una licuadora o procesador de alimentos, combine las hojas de cilantro, el coco rallado, el chile verde, el jugo de limón, el chana dal asado, el coco rallado (si se usa) y la sal.
b) Licúa hasta obtener una consistencia suave y cremosa.
c) Ajusta la sal y el jugo de limón a tu gusto.
d) Transfiera a un tazón para servir y refrigere hasta que esté listo para usar.
e) Sirva como salsa para samosas, dosas o para untar sándwiches.

96. Chutney de tamarindo

INGREDIENTES:
- 1 taza de pulpa de tamarindo
- 1 taza de azúcar moreno o azúcar moreno
- 1 cucharadita de comino en polvo
- 1 cucharadita de jengibre molido
- ½ cucharadita de chile rojo en polvo
- Sal al gusto

INSTRUCCIONES:
a) En una cacerola, combine la pulpa de tamarindo, el azúcar moreno o moreno, el comino en polvo, el jengibre molido, el chile rojo en polvo y la sal.
b) Agrega 1 taza de agua y lleva la mezcla a ebullición.
c) Reduzca el fuego a bajo y déjelo cocinar a fuego lento durante unos 15-20 minutos, revolviendo ocasionalmente hasta que la salsa picante espese.
d) Retirar del fuego y dejar enfriar por completo.
e) Una vez enfriado, transfiéralo a un frasco y guárdelo en el refrigerador.
f) Úselo como salsa para samosas y pakoras, o como condimento para platos chaat.

97. Mantequilla de maracuyá

INGREDIENTES:
- 1 taza de mantequilla sin sal, ablandada
- ¼ taza de pulpa de maracuyá
- 2 cucharadas de azúcar en polvo
- 1 cucharadita de extracto de vainilla

INSTRUCCIONES:

a) En un tazón, combine la mantequilla ablandada, la pulpa de maracuyá, el azúcar en polvo y el extracto de vainilla.

b) Use una batidora eléctrica o un batidor para mezclar los ingredientes hasta que estén bien combinados y suaves.

c) Transfiera la mantequilla de maracuyá a un frasco o recipiente hermético.

d) Refrigere durante al menos 1 hora para permitir que los sabores se mezclen.

e) Unte la mantequilla de maracuyá sobre tostadas o panqueques, o úsela como aderezo para postres.

98.Aderezo de semillas de papaya

INGREDIENTES:
- ¼ de taza de semillas de papaya
- ¼ taza de aceite de oliva
- 2 cucharadas de vinagre de vino blanco
- 1 cucharada de miel
- 1 cucharadita de mostaza Dijon
- Sal y pimienta para probar

INSTRUCCIONES:

a) En una licuadora o procesador de alimentos, combine las semillas de papaya, el aceite de oliva, el vinagre de vino blanco, la miel, la mostaza de Dijon, la sal y la pimienta.

b) Licúa hasta que el aderezo esté suave y las semillas de papaya estén bien incorporadas.

c) Pruebe y ajuste la sazón si es necesario.

d) Transfiera el aderezo de semillas de papaya a una botella o frasco con tapa hermética.

e) Agitar bien antes de usar.

f) Rocíe el aderezo sobre ensaladas o úselo como adobo para carnes o verduras a la parrilla.

99.Salsa BBQ de guayaba

INGREDIENTES:
- 1 taza de pasta de guayaba
- ½ taza de salsa de tomate
- 2 cucharadas de salsa de soja
- 2 cucharadas de vinagre de sidra de manzana
- 1 cucharada de azúcar moreno
- 1 cucharada de salsa inglesa
- 1 cucharadita de pimentón ahumado
- ½ cucharadita de ajo en polvo
- Sal y pimienta para probar

INSTRUCCIONES:

a) En una cacerola, combine la pasta de guayaba, el ketchup, la salsa de soja, el vinagre de sidra de manzana, el azúcar moreno, la salsa inglesa, el pimentón ahumado, el ajo en polvo, la sal y la pimienta.

b) Cocina a fuego lento, revolviendo constantemente, hasta que la pasta de guayaba se derrita y la salsa espese.

c) Pruebe y ajuste la sazón si es necesario.

d) Retira del fuego y deja enfriar la salsa BBQ de guayaba.

e) Transfiera a un frasco o botella y refrigere hasta que esté listo para usar.

f) Use la salsa como glaseado para pollo o costillas a la parrilla, o como salsa para albóndigas o brochetas.

100. Salsa De Mango Habanero

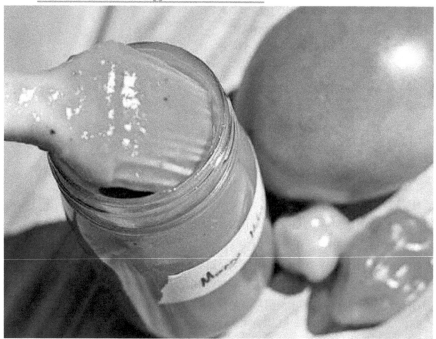

INGREDIENTES:
- 2 mangos maduros, pelados y picados
- 2 chiles habaneros, sin semillas y picados
- ¼ taza de vinagre blanco
- 2 cucharadas de jugo de lima
- 2 cucharadas de miel
- 1 cucharadita de ajo en polvo
- Sal al gusto

INSTRUCCIONES:
a) En una licuadora o procesador de alimentos, combine los mangos picados, los chiles habaneros, el vinagre blanco, el jugo de limón, la miel, el ajo en polvo y la sal.
b) Licúa hasta lograr una consistencia de salsa suave.
c) Transfiera la mezcla a una cacerola y déjala hervir a fuego medio.
d) Reduzca el fuego al mínimo y déjelo cocinar durante unos 10-15 minutos, revolviendo ocasionalmente.
e) Retirar del fuego y dejar enfriar la salsa por completo.
f) Transfiera la salsa de mango y habanero a un frasco o botella con tapa hermética.
g) Refrigere hasta que esté listo para su uso.
h) Utilice la salsa como condimento picante para carnes a la parrilla y sándwiches, o como salsa para mojar rollitos de primavera o alitas de pollo.

CONCLUSIÓN

Al concluir nuestro viaje a través de "Una verdadera celebración de la cocina tropical", esperamos que haya experimentado la alegría y la vitalidad que la cocina tropical trae a la mesa. Cada receta contenida en estas páginas es una celebración de los sabores bañados por el sol, los ingredientes exóticos y el espíritu festivo que definen la experiencia culinaria tropical.

Ya sea que se haya deleitado con refrescantes bebidas a base de coco, haya saboreado las especias aromáticas de los platos de inspiración caribeña o haya deleitado la dulzura de los postres de frutas tropicales, confiamos en que estas 100 deliciosas recetas le hayan traído el sabor del paraíso a su cocina. Más allá de los ingredientes y las técnicas, que la esencia de la celebración tropical perdure en tus comidas, añadiendo un toque de alegría a tus esfuerzos culinarios.

Mientras continúa explorando el rico tapiz de la cocina tropical, espere que este libro de cocina lo inspire a infundir en sus comidas la energía vibrante y los sabores de las costas soleadas. Brindemos por la máxima celebración de la cocina tropical, donde cada plato es un escape culinario al paraíso. ¡Salud por llevar la calidez y el deleite del trópico a tu mesa!

Milton Keynes UK
Ingram Content Group UK Ltd.
UKHW022027131124
451149UK00013B/1335